Mariza Varela

MÃE MARIA: REVELAÇÕES

Mariza Varela

MÃE MARIA: REVELAÇÕES

Divina presença

MÃE MARIA: REVELAÇÕES

Mariza Varela
3ª edição
2011

Editora Divina Presença
Av. Protásio Alves, 266
Porto Alegre - RS - CEP 90410-004
Tel: (51)3377-9133
e-mail: divinapresenca@gmail.com
site: www.divinapresenca.com.br

Capa e projeto gráfico:
Francisco Gomes e Luiz Carlos Dias Jr.

Dados Internacionais de Catalogação na Publicação (CIP)

V293m Varela, Mariza.
Mãe Maria : revelações / Mariza Varela. – 3. ed. – Porto Alegre : Divina Presença, 2011.
152 p. : il.

Inclui glossário.
ISBN 978-85-62631-03-0

1. Maria, Virgem, Santa - História. 2. Espiritualidade. 3. Jesus Cristo. 4. Graal. 5. Religião. I. Título.

CDU 232.931
CDD 232.91

(Bibliotecária responsável: Sabrina Leal Araujo – CRB 10/1507)

MORYA,

Este livro é mais um esforço para cumprir o que me cabe. Por favor, Mestre, abençoe-o e me conduza aos pés de nossa Senhora, Rainha e Mãe!

Sumário

1
ALIMENTANDO O CRISTO

SALVE, FILHOS DO MEU CORAÇÃO! Verdadeiramente, vocês são filhos do meu Coração, e uma parcela dos meus pensamentos, sentimentos e consciência. Por longo tempo eu os tenho amado e observado, fixando-me sempre na Perfeição que jaz em cada um de vocês. Agora mesmo estou vendo o(a) Filho(a) de Deus perfeito(a), o Cristo vivo pulsando no âmago de suas consciências. Eu alimento esse Cristo com o meu Amor, eu O sustento e sustentarei até a consumação final, até a Ascensão. Assim eu fiz durante toda a minha vida terrena para o nosso querido Joshua (Jesus) e assim também faço hoje para cada membro desta humanidade. Este é um dos muitos trabalhos que executo em prol da Vida, e é um trabalho específico de mãe.

Toda mãe quer o bem de seu filho. Nenhuma mãe aceita que seu filho sofra, adoeça ou passe necessidade porque, instintivamente, ela sempre vê o filho da maneira correta: apesar de todas as possíveis aparências, ele nunca deixa de ser bom e belo. Diletos Espíritos do Fogo, eu os amo como mãe e os vejo assim, sempre.

Todos os dias, no templo onde eu trabalho (chamado de Templo da Ressurreição), localizado nas oitavas de Luz, eu projeto a imagem que cada um de vocês está usando, neste momento, encarnado ou desencarnado, e em seguida, cubro-a com a Imagem Real e Perfeita, a Imagem Divina que vive no coração e na mente do Altíssimo Criador. Então, eu imprimo em suas consciências, todos os dias, o Bem, a Verdade e a Vida. Esta é uma pequena semente de Luz, que está sendo ritmicamente cuidada, nutrida, e que por isso nunca deixa de frutificar e de florescer.

Um outro trabalho que desenvolvo diariamente no Templo da Ressurreição e que reforça muito essa relação de mãe e filho (ou mãe e filha) que nós temos é a formação do coração de cada ser antes de uma nova encarnação.

O processo preparatório de uma nova vida física começa no momento em que a alma recebe autorização para uma nova encarnação; ela é, então, conduzida ao meu Santuário. Aqui, eu examino a energia e a substância desse ser que vai renascer no plano físico e, extraindo-lhe os elétrons mais puros, sutis e desenvolvidos que conseguiu amealhar no decorrer de todas as suas encarnações, eu componho, com essa matéria, o seu coração etérico, que é o Cálice da Imortal Chama da Vida e em torno do qual vão se agregar as células do coração físico. É o *sanctum sanctorum* , a sede do templo vivo de Deus embutido em cada ser humano. Quanto a mim, considero a oportunidade de realizar este trabalho, que é tão delicado quanto o de um ourives, uma dádiva sublime...

Saibam que, sempre que algum de vocês invocar a minha Presença, EU ESTOU presente. Gravem em seus abençoados corações: nunca deixo de responder a qualquer de seus apelos sinceros. A todo instante, ouço as orações do mundo inteiro, silenciosas ou audíveis, nas mais diversas línguas e no instante preciso em que são formuladas. Através dessa porta aberta, eu posso, então, agir... "Batei e abrir-se-vos-á", disse, em outro tempo, o Rabi da Galileia...

Aproveitando o ensejo, gostaria de lhes chamar a atenção para a necessidade premente de orações. Como há dois mil anos atrás, a Terra novamente se encontra numa hora sagrada. Uma nova seara está em andamento, e Cristo retornará, tal como foi prometido.

Naturalmente, a Segunda Vinda terá características próprias e bem distintas da Primeira, mas Ele, que nunca se ausentou, voltará, para atuar (juntamente com toda a Fraternidade de Seres Excelsos) plenamente, visivelmente, em todos os planos e dimensões, atividades e acontecimentos da vida na Terra. Assim como há 2.000 anos Ele estabeleceu um marco no próprio tempo deste planeta (pois todos os acontecimentos ocorreram *antes* ou *depois* de Cristo), na Nova Era Ele imprimirá uma nova marca indelével, e esta será de natureza espiritual. A Segunda Vinda será a mola propulsora de um movimento ascensional de toda esta humanidade; será um Resgate global, uma Ressurreição, e. por isso, finalmente, a Rosa da Eternidade poderá aqui vicejar.

A Segunda Vinda faz parte de um Plano da mais alta Dinastia da Luz, e todos os Seres de Luz que vivem e trabalham neste planeta estão mobilizados na preparação desse evento tão transcendente. Mas para o êxito completo da Missão de Cristo é necessário que haja, na Terra, homens e mulheres que, primeiramente, reconheçam que Cristo (a natureza de Filho de Deus) também está neles - , quer dizer, que eles também são Cristos, Filhos de Deus unigênitos, perfeitos e predestinados ao Bem. A partir deste reconhecimento é que deverão se dispor a preparar o Caminho para a descida do Senhor, isto é, o desabrochar da consciência divina de puro Amor em si mesmo e em cada criatura desta Terra. A Segunda Vinda acontecerá no coração dos homens e se refletirá na família, na sociedade, nas instituições, em toda a vida planetária.

Amados, eu – sua mãe, que lhes moldo o coração ao início de cada vida terrena – os convido para participarem da formação do coração do Corpo Crístico da Nova Era. Esse núcleo será um dossel protetor do Fogo Sagrado, que será (em Cristo, por Cristo e para Cristo!) amplamente dilatado e expandido para fazer fluir a Graça Divina em toda a humanidade. O trabalho preparatório é de purificação; nessa fase, a oração é de suma importância...

A alma é de natureza magnética; dela flui a Vida. A alma concretiza tudo aquilo em que a atenção se fixa. Isto é um princípio matemático, a que ninguém pode fugir, seja ele um Mestre, um discípulo ou um leigo. No coração e na mente de cada ser humano está o poder de materializar o bem ou o mal. Quando a atenção é focalizada em determinada aparência ou ilusão pessoal, a Vida flui inevitavelmente em direção a esse ímã negativo, e o problema se agiganta. Por isso, vocês podem exaltar as sombras e tristezas desse mundo de aparências ou então exaltar o Poder de Deus, concentrando o raio de sua atenção no Cristo que retorna.

Na etapa preparatória da Segunda Vinda de Cristo, eu lhes peço que mantenham a atenção focalizada em Cristo (em todos os Seus aspectos e significados), abrindo-se para receber Seus poderes e virtudes, até que sua própria alma cresça em confiança, beleza e perfeição. Filhos, abençoados sejam todos por este trabalho, tão urgente nos dias de hoje!...

Vocês são os filhos que me foram entregues, em divina outorga, aos pés da cruz, por Joshua, o grande Messias da Era de Peixes; eu sou sua mãe – esta é e será sempre a nossa relação até o fim dos tempos. E é por isso que quero lhes pedir: não me chamem mais de Maria, não mais. Por favor, me chamem de Mãe Maria. Ou, simplesmente, de mamãe.

Estou aqui, em Presença, para um ato de Amor e de Comunhão.

Amor: a matéria-prima da Criação. Comunhão: o resultado inevitável do Amor. Nas páginas deste livro, estamos reunidos para celebrar uma Santa Comunhão. Sim, todos nós: eu, que estou *aqui* agora, simultaneamente, na Palestina e em todos os santuários marianos (onde foi ancorada a Presença de Deus-Mãe), que estou *aqui* no Brasil e que estou em todas as partes do mundo onde, neste momento, a minha Presença está sendo invocada; o ser que está servindo de canal de contato, em cuja mente imagens de antigos acontecimentos se irão imprimindo como num filme, e com liberdade de criação da história da minha vida terrena, que fluirá livre como uma onda de Amor; e todos os que, sintonizados pelo coração, aceitarem se banhar neste mar de Amor.

Em decorrência deste encontro, a alma de muitos de vocês literalmente ganhará asas e alçará voo, pousando em uma região bem mais delicada da Consciência. É possível que muitos tenham a memória ativada e tenham acesso direto aos acontecimentos que marcaram o início do Cristianismo e da Era de Peixes...

2
A DESCIDA

A HISTÓRIA DA MINHA VIDA TERRENA se confunde com o início da Era de Peixes.

Cada era, de aproximadamente dois mil anos, tem um período longo de gestação e de nascimento, e não é possível determinar, com exatidão, o momento preciso em que ela começa ou termina; na verdade, existe uma transição, em que a tônica de uma determinada era vai-se tornando, gradativamente, menos intensa até ser substituída, por completo, por outro tipo de energia. Entretanto, apenas como divisor de águas, alguns Amigos da Luz escolheram o meu nascimento físico como o princípio da Era de Peixes. Para eles, eu fui a aurora, a primeira claridade que antecede e anuncia a manhã, enquanto Joshua foi o sol, que irrompeu brilhante na linha do horizonte, trazendo a força e a vitalidade de um Novo Tempo.

Para a minha encarnação terrena, foi preciso que os Espíritos Construtores de Formas, denominados *Elohim*, construíssem um corpo humano especial para o meu uso, durante aquela (única) encarnação. Explico: sou da linha angélica – na verdade, sou um Arcanjo, isto é, um anjo ascensionado. E como tal, não poderia encarnar porque anjos não se encarnam, já que a encarnação física só é facultada aos humanos. A não ser, obviamente, em casos muito excepcionais, quando um grande serviço à Vida se faz urgente e necessário.

Era este o caso. A manifestação completa, física, do Cristo (que é a própria natureza do Filho de Deus, a Terceira Pessoa da Trindade) no homem Jesus (como muitos o chamam) era um motivo suficientemente forte para a minha encarnação física.

A história da minha vida terrena começou no instante em que a Hierarquia da Luz, encarregada do plano da Primeira Vinda do Cristo, se viu na contingência de escolher aquela que seria a mãe do Messias.

Em qualquer encarnação divina, esse papel de mãe é de suma importância, tanto pelo grau de pureza (no sentido de isenção do carma individual e coletivo) que é exigido da mulher, quanto pela sua capacidade de compreensão espiritual do plano a que ela própria estará servindo como mãe do *Avatar* (Messias).

Sim, a mãe de um Mensageiro Divino, mais do que qualquer outra mulher da face da Terra, tem que saber que o seu filho não pertence nem a ela nem ao seu grupo familiar; que ele é a Luz do Mundo, e sua trajetória já está prévia e divinamente traçada; que ele tem uma missão a cumprir e uma mensagem que poderá alterar o destino de todo o planeta. Assim, o seu filho não é uma personalidade como outra qualquer, um homem ou uma mulher igual aos demais, mas uma encarnação divina; ele não age pelo livre-arbítrio, mas sim e sempre movido pela Vontade Superior, a Vontade de Deus nele.

A mãe de um Avatar tem que viver em estado de graça permanente, começando muito antes de concebê-lo e até ainda além de ascensão dele. A principal tarefa dessa mãe é a de nutrir o filho em todos os momentos, estando ele presente ou ausente, com o Pão da Vida, o Alimento Imperecível, que são o Amor, a Graça, a Perfeição, a Paz. Ela tem que ser uma mulher que, se tiver que enfrentar a maior provação de sua vida – que é a de assistir a agonia e morte de seu filho – ter condições de, justamente naqueles momentos de dor profunda e de tanta aflição, ainda assim negar a morte, tomar o filhinho nos braços, amamentá-lo e torná-lo tão forte que, com o seu leite, ele possa descer aos subterrâneos da morte e deles emergir, vitorioso e ressurrecto. Sim, a mãe de um Messias tem que ser uma alma de altíssimo nível espiritual e, mesmo assim, ser treinada e testada para a tarefa que ela mesma veio cumprir.

Há dois mil anos a evolução espiritual deste planeta encontrava-se num patamar bem inferior ao atual, e praticamente não havia mulheres que reunissem as condições exigidas ou que estivessem disponíveis na época para assumirem o papel de mãe do Messias. Por isso, e também por causa do trabalho de moldar os corações humanos que eu venho realizando há éons, foi natural que se lembrassem de mim.

Representando a Hierarquia Espiritual, o Senhor Maitreya (uma das maiores autoridades da Irmandade de Luz deste planeta, também conhecido pelos nomes de *Cristo Cósmico* e *O Grande Iniciador*) me perguntou se eu aceitaria essa incumbência. Eu, esta humilde serva de Deus, respondi com imensa alegria:

- Estou pronta!

Então os Elohim construíram a alma humana que eu usaria durante aquela encarnação, retirando seus elementos diretamente da matéria lúcida do Oceano da Vida, do Sopro de Vida que vem de Deus e que permeia todo o universo. Por isso, essa nova alma era virgem, isto é, não contaminada pelo carma humano.

Porém, era necessário que essa recém-nascida alma humana fosse testada; o objetivo era avaliar a minha capacidade de, no uso daquele novo corpo, conseguir visualizar e sustentar, permanentemente, a Perfeição do Filho de Deus que ficaria sob meus cuidados durante aquela vida humana. Em outras palavras: sustentar o estado de Graça a despeito de todas as pressões externas ou sugestões de natureza contrária.

Essa avaliação, que ficou conhecida como o Teste das Três Horas, foi assim:

Primeiramente, visualizei, mentalmente, a Divina Perfeição de Joshua. Visualizei, então, todos os seus corpos (físico, emocional e mental) totalmente preenchidos de Luz, da cabeça aos pés, e com uma poderosa aura luminosa, incandescente, ao redor de cada um deles. Em seguida, ativei essa ideia com o Amor: concentrei-me no meu coração e no coração daquele que seria meu filho; nas inspirações, suguei do coração dele o estupendo Amor do Cristo, esta força coesiva do Universo; e nas expirações, irradiei do meu coração para o coração de Joshua o Amor da Mãe Cósmica. Continuei fazendo esse exercício até perceber a Unidade; até sentir, com todas as fibras do meu ser, que não éramos mais dois seres separados, mas um só, pulsando no interior do próprio Ímã do Coração de Deus.

A Imagem Perfeita tornou-se cada vez mais concreta; tornou-se mais forte que o aço e mais sutil que o éter; mais compacta do que qualquer grande muralha construída pelo homem e, também, mais luminosa que o próprio sol do meio-dia. Cuidei para que esse modelo da Perfeição se mantivesse absolutamente nítido, concreto, palpável, protegendo-o de toda e qualquer intrusão externa, pois as substâncias mental e emocional são muito maleáveis e podem ser facilmente desfiguradas. Por fim, selei o Corpo Crístico, já então plenamente manifestado, com o Poder da Ressurreição e a Paz da Ascensão.

Durante aquelas três horas, os Espíritos Construtores, os Elohim, que estavam aplicando o teste fizeram toda espécie de sugestões, numa tentativa de distrair minha atenção. Apresentaram-me ideias fascinantes, sublimes, repletas de luz e de beatitude, tão atraentes àquela alma humana que eu estava usando. Debalde: consegui manter a minha atenção fixa no que denominei de Plano Imaculado de Perfeição. Finalmente, ao término das três horas, o Irmão Maitreya se deu por satisfeito. Ele me abençoou e disse:

- Tudo foi bem, Maria. Lembre-se, porém, de que todas as pressões que você sentiu nessa alma humana, resultantes do livre-arbítrio a ela inerente, não são nada em comparação com aquelas que virão da consciência humana coletiva, que está toda corroída pela impureza, egoísmo, fanatismo, maldade.

"A partir do momento em que a Missão for iniciada, toda essa carga será arremetida contra você, seu marido e seu filho. No corpo físico humano que os Elohim construirão para o seu uso (mesmo sendo esse corpo sem carma nenhum, ou seja, imaculado), você estará sujeita às pressões nefastas do corpo mental e sentimental da massa humana, terá que atravessar a *Noite Negra da Alma*, que é o mergulho no abismo da dor, e terá que enfrentar as dificuldades para a Grande Iniciação. Para fazer face a tanta treva, serão necessários esforços hercúleos e uma vigilância constante, ininterrupta. Contemplação e muita oração, para que aconteça, realmente, a Vitória da Ressurreição e da Ascensão pública do Avatar da Era de Peixes."

*

Filhos, o Teste da Três Horas foi um simples exercício da Graça, que é o melhor escudo contra os tentáculos das trevas.

A Graça é um estado de bem-aventurança e de plenitude resultante do contato do coração do Filho de Deus com o Coração Celestial. A Graça vem do Puro Espírito e é uma dádiva de Deus, que cura e eleva. O caminho para se chegar à Graça é cultivar a confiança em Deus e irradiar paz para o mundo que está à volta; é manter a consciência exterior alerta e receptiva a todas as sugestões, intuições e mensagens vindas do Alto.

No exercício da Graça, enquanto a mente não souber mergulhar no Informe e no Absoluto que é Deus, é recomendável criar formas-pensamentos bem definidas e que tenham a finalidade de abençoar o mundo todo. Essas ideias, às vezes menores que a unha de um dedo, já nascem munidas de belas asas criadas pelo Amor e, assim, com a ajuda de um Espírito Construtor que sempre se apresenta para esse trabalho, podem se ampliar e circundar o planeta inteiro, espalhando a Graça para todos os que dela necessitam. Terminada a concentração naquela forma-pensamento de bênção a toda a humanidade, basta um comando interno para que a Graça se perpetue indefinidamente. Compreendam que não é suficiente proferir orações e cantar louvores, deixando, depois, o mundo voltar ao seu sono letárgico. Vigilância é fundamental. O selo de permanência, de autossustentação, é fundamental.

O estado de Graça é uma chave de Luz, pois abre a porta do Coração de Deus *em seu próprio coração*. É uma afirmação da fé na Unidade da criatura com o Criador, do homem com os seus Irmãos, da personalidade com o Cristo. Se vocês, queridos meus, creem com sinceridade que, pelo simples fato de invocar a minha Presença, eu lhes responderei infalivelmente; se vocês são capazes de sentir o Amor materno que lhes devoto e confiam nele como uma Fonte de Alimentação, sempre ao seu dispor; se ouvem as minhas palavras e guardam a minha Voz em seu coração; se sua alma já consegue vislumbrar a Verdade; se sua consciência individual já pode perceber a importância deste momento cósmico; se seus joelhos já se dobram, humildemente, ante um *fiat* da Lei Cósmica; e se suas mãos já se encontram estendidas na direção dos Santos Seres, dos Mestres – então, meus Amados, este já é um estado de Graça...

Infelizmente, os ruídos do mundo exterior são tão estridentes que a Voz do Espírito raramente pode ser ouvida. Daí a necessidade premente de se cultivar e sustentar a Graça...

*

Muitas outras providências estavam sendo tomadas, nas altas esferas espirituais, para o grande evento da descida do Messias. E uma das providências mais importantes foi a encarnação do próprio Senhor Maitreya como João Batista. Este grandioso Ser havia ascensionado, séculos antes, como o Profeta Elias, do Velho Testamento. Ora, assim como os anjos, os Mestres Ascensionados também não se encarnam, porque eles já estão definitivamente livres da lei do nascimento e da morte.

Contudo, em nome do Amor, o Irmão Maitreya se dispôs a,

novamente, atravessar as portas do nascimento físico para cumprir uma santa missão: fazer com que a sua própria Luz diminuísse, passando-se quase despercebido, para que a Luz de Joshua, seu discípulo mais amado, pudesse brilhar mais intensamente; anunciar e testemunhar a respeito do novo Messias (com a autoridade do Profeta Elias, que era respeitado na Palestina e cuja identidade era conhecida intuitivamente pelos judeus, ele bem poderia fazer isso; e o seu aval era importantíssimo para a aceitação de Joshua). E quando isso tivesse sido feito, poderia deixar o cenário físico serenamente...

Então, no cenário do início da Era de Peixes, havia três tipos especiais de encarnação. Primeiramente, a minha própria, que era a de um anjo num corpo humano; nesse novo corpo, que era absolutamente virgem em relação às leis cármicas planetárias, eu estava sujeita ao pesado véu do esquecimento que recobre tudo na Terra; por isso, nesse corpo (que não era o meu originalmente), eu tinha necessidade de que alguém me lembrasse da minha tarefa – daí a necessidade da presença do Arcanjo Gabriel ao meu lado.

A segunda encarnação especial era a do Irmão Maitreya na pessoa de João Batista. Sendo da linha humana e tendo ascensionado num corpo humano (refiro-me à encarnação do profeta Elias, do Velho Testamento), ele podia trazer consigo, para a matéria, toda a sua memória de ascensionado. Assim é a Lei.

Finalmente, a terceira encarnação especial era a do próprio Joshua que, pela primeira vez na história dos universos, iria resgatar, de uma só vez, a primeira infração (o chamado *Pecado Original*) de toda esta humanidade e, além do mais, iria ascensionar em público, diante de aproximadamente 500 pessoas, o que se constituía um fato inédito e um grande desafio, pois a presença de não ascensionados num evento como esse é, com certeza, um elemento restritivo (ou, até mesmo, um empecilho)...

Além destas três encarnações incomuns, também devo citar o caso de umas poucas almas que, cientes da próxima encarnação do Avatar, e não possuindo carma que justificasse uma grave deficiência física, ofereceram o seu corpo, em holocausto, para testemunhar a Obra de Deus. É o caso, por exemplo, do cego de Jericó. (*"E, passando Jesus, viu um homem cego de nascença. E os seus discípulos lhe perguntaram, dizendo: Rabi, quem pecou, este ou os seus pais, para que nascesse cego? Jesus respondeu: Nem ele pecou nem seus pais; mas foi assim para que se manifestem nele as obras de Deus."* – João, 9: 1-3) Em Nome do Ascensionado Jesus

Cristo, possam as bênçãos do Divino Mestre e do Pai Celestial estar sobre essas almas abnegadas...

E que sobre todos os meus Filhos da Terra desça agora a Graça do Espírito Santo, essa doce unção que penetra na alma de cada um e suscita a memória da Perfeição que um dia ele conheceu, antes que o mundo fosse transformado no que é hoje. Assim seja!

3
A 13ª TRIBO

AMADOS, POR FORÇA DA MINHA PRESENÇA, deixem que a Palestina daquela época, que está tão fortemente impressa no seu corpo de recordações, venha à tona e fique flutuando como um lótus na superfície das águas. Assim, o Conhecimento será empírico e virá diretamente da Fonte, ficando a salvo das ilusões e fantasias que foram criadas a respeito daquele tempo...

*

A Palestina sempre foi uma nação pequenina, menor que muitos estados dos países atuais. Quando ainda era chamada de Terra de Canaã, Moisés, o Avatar da era precedente, a apontou para os representantes do povo hebreu, do alto do Monte Nebo, com estas palavras:

- Aquela é a terra prometida por Deus. Aquela é a sua terra!

No abençoado dia de sua liberação (desencarne físico), o Leão do Deserto subiu ao cume de Pisga, no Monte Nebo, terras do Moabe, margem oriental do Mar Morto, e contemplou, ao longe, na linha do horizonte, a Terra Prometida pela última vez, com os olhos físicos. Estava com a idade de 120 anos, mas conservava todo o vigor na mente e no corpo. Os cabelos é que tinham embranquecido e havia marcas de expressão em sua face, atestando a longa trajetória pelo deserto; mas a expressão era iluminada por alguma misteriosa luz interna, e os olhos expressavam, claramente, o

Conhecimento direto de Deus, a Bem-Aventurança e a Autoridade da Luz.

Era noite de lua cheia, e Moisés se julgava sozinho, pois não tinha percebido que um de seus discípulos o havia seguido e que agora estava escondido a menos de quatro metros de distância, no meio da vegetação. Moisés desenrolou o papiro que trazia consigo e, à luz clara do luar, leu e meditou sobre o seu conteúdo durante aproximadamente um quarto de hora. Depois, volveu o olhar para a futura Palestina. As palavras que pronunciou em voz alta foram a oração derradeira:

- Inclinai os ouvidos, ó céus, e eu falarei. Ouça a terra as palavras que jorram, com devoção, da minha boca. Goteje a minha doutrina como a chuva, destile o que eu digo como o orvalho, como chuvisco sobre a erva e como gotas d'água sobre a relva. Porque mais uma vez apregoarei o Santíssimo Nome do Senhor. Tudo o que tem fôlego reconheça a grandeza do nosso Deus!

"Ele é a Rocha, cuja obra é perfeita, e todos os Seus caminhos são também perfeitos. Deus é a Verdade; n' Ele não há injustiça, nem vingança e nem morte. O nosso Deus é o Deus do Amor Perfeito. Ele é a Verdade!"

Não pode haver dúvidas quanto à doçura (e não rigidez) da doutrina pregada pelo Grande Profeta, pois a oração ficou impressa na atmosfera do Monte Nebo:

- N'Ele não há injustiça, nem vingança e nem morte. O nosso Deus é o Deus do Amor Perfeito. Ele é a Verdade!

Jamais Moisés, que a posteridade sempre reconheceu como sendo um "varão muito manso", dissera algo em contrário em toda a sua vida; portanto, a autenticidade da recomendação de sacrifícios sangrentos e de cruéis castigos corporais que lhe é atribuída nos chamados Livros de Moisés *(Gênesis, Êxodo, Levítico, Números e Deuteronômio)* tem que ser reavaliada. Pois essa não é uma doutrina digna de um Mensageiro do Senhor...

Depois de louvar o Nome do Senhor, o Profeta ouviu a Sua resposta, através da Voz do Silêncio:

- Esta terra, Eu a darei aos filhos do seu coração... Agora, aqui no Monte Nebo, a obra está concluída e é chegada a hora de se recolher, assim como o seu irmão Aarão, no passado, partiu do Monte de Hor para a nação que ele constituiu na eternidade. Você continuará guiando o seu povo, não mais num corpo físico, mas sim na liberdade da tão merecida Onipresença.

Moisés sorriu em perfeito êxtase e repetiu a afirmação que mais tinha usado em sua vida desde o recebimento das Tábuas da Lei, no Monte de Horeb:

- EU SOU O QUE EU SOU! - após o quê, recostou a cabeça e dormiu.

Com um súbito sentimento de angústia, o discípulo que estava escondido no meio do mato, observando Moisés, viu quando ele deitou suavemente a cabeça e, a partir daí, permaneceu imóvel, por infindáveis minutos.

O discípulo chamava-se Essen, e, dentre todos, era o mais amado pelo Leão do Deserto. O pupilo amava Moisés ardentemente, ao mesmo tempo como a um Pai e a um Mestre. Mas na sua notável humildade, ele se declarava apenas "um servo do Grande Profeta".

"O meu senhor está morto", pensou Essen, com o coração batendo-lhe descompassadamente no peito.

*

O passamento do Grande Profeta não se constituía verdadeiramente uma surpresa, pois o próprio Moisés vinha preparando tanto Essen como todo o povo que ele conduzira através do deserto durante 40 anos para esse momento: já havia garantido que não entraria, em corpo físico, na Terra Prometida (e essa Terra Prometida já estava ali, bem visível na linha do horizonte); nomeou o seu sucessor, Josué, que deveria, em nome de Iaveh, assumir a Terra Prometida, dividindo-a entre as 12 Tribos; assegurou que iria morrer lá em cima, no topo do Monte Nebo, e que ninguém deveria procurar seu corpo. Ao contrário: quando todos percebessem que ele não mais desceria do monte, então, sob a direção de Josué, filho de Num, deveriam continuar a marcha em direção à terra prometida pelo Senhor. "Esta é a minha vontade, que está sendo expressa por força da Presença de Deus que É em mim", concluiu Moisés.

Mas, em particular, o Profeta deu a Essen outras instruções:

- Você é o único que me verá morto, Essen. Mas nada tema: para mim, o desencarne será a Paz Suprema... Quando isso acontecer, eu quero que retire dos meus pertences, e guarde com você, os livros que eu mesmo escrevi: *Gênesis, Êxodo, Levítico, Números e Deuteronômio*. Este último termina com o anúncio da minha morte iminente.

O discípulo sequer conseguiu articular palavra. A simples menção da próxima partida do seu Mestre provocava-lhe uma profunda sensação de desamparo.

Moisés continuou:

- Na última vez que subi ao Monte Nebo, o Senhor (bendito seja o Seu Sagrado Nome!) me mostrou que o conteúdo desses livros, se deixados em poder do povo hebreu, será completamente distorcido, falsificado; de qualquer forma, com os livros de minha autoria ou sem eles, os homens aviltarão a minha experiência direta com Deus, atribuindo a mim palavras ou normas de que eu nunca sequer cogitei. Eles transformarão o Deus do Amor Perfeito, que é o Jeová que eu tanto exaltei, num deus pérfido e vingativo, muito pior do que os deuses pagãos, e com essa imagem infame, os poderosos deste mundo, para reforçar o seu próprio poder, vão implantar o medo e a culpa no coração de muitos... Ora, no Caminho da Sarça Ardente, que leva ao contato direto com o Altíssimo (Amor Perfeito), esses sentimentos não podem existir... Por isso, os textos originais deverão ficar resguardados e acessíveis apenas àqueles que, com o coração puro, queiram demolir a fortaleza do pequeno eu, amar e servir ao seu próximo com compaixão ("Ama a Deus sobre todas as coisas, e ao próximo como a ti mesmo", como já ensinei) e queiram, acima de tudo, adorá-Lo. - Ato contínuo, para indicar Deus que está ainda além dos céus mais sublimes, Moisés fez um gesto que, séculos depois, haveria de servir de senha àqueles que, por merecimento, teriam acesso aos livros autênticos do Grande Profeta: mão fechada, com o indicador apontado para o alto.

- O que é que eu devo fazer com eles, senhor? Como vou transmiti-los àqueles que podem entender os seus livros porque estão com o coração puro?

- No momento certo, o seu próprio coração lhe dará a resposta... Não se preocupe.

O Leão do Deserto levantou o olhar para o céu estrelado que recobria aquela gigantesca cidade de tendas coloridas que serviam de casas para o povo que ele vinha conduzindo durante quase 40 anos, através do deserto. Encantou-se, mais uma vez, com o fabuloso poder de um coração iluminado. Certa vez, dissera a Essen: "Se há Amor no coração, Essen, a Sabedoria vem em seguida; as respostas já chegam prontas, caídas diretamente do céu, como chuva. Pois não foi por isso que as águas do *Mar de Juncos* (erroneamente traduzido como Mar Vermelho) se abriram à nossa passagem e que, até hoje, o precioso *maná* cai do céu, na forma de orvalho, para nos suprir? Todos os aparentes milagres, ou grandes milagres como dizem os homens, têm origem no coração..."

Com sua característica timidez, Essen não se atrevia a interromper as silenciosas divagações do seu amo. Ficou olhando-o, mudo também, incapaz até de pegar a cítara e dedilhá-la...

Por fim, Moisés saiu daquele estado de abstração e lhe dirigiu a palavra:

- Vou lhe confiar um segredo. Como todos sabem, a nação hebraica está dividida em 12 Tribos. Mas esse número só é válido quanto à organização formal. Porque haverá uma outra Tribo, a 13ª, que será a mais importante de todas, pois será o coração da nova nação, a alma da Terra Prometida e o espírito da Aliança com Deus. As demais serão constituídas tendo em vista o poder temporal; a 13ª, ao contrário, será o reduto do poder espiritual, a Fortaleza do Espírito; nela se praticará a verdadeira Lei Mosaica, sem distorções, e as Escrituras serão as autênticas.

"Ela servirá de escola a futuros profetas, e de berço para o Grande Avatar de uma próxima era. Como eu disse, a 13ª será o coração da nova nação; se a perfídia humana ou as trevas deste mundo conseguirem destruí-la, a nação, que ora está sendo criada com o aval divino, perderia o seu núcleo e, com isso, a razão de existir; aí começaria um lento definhar, porque seria quase impossível recuperar o brilho original; daí por diante, durante milênios, o seu futuro seria marcado por guerras e mais guerras; o povo, que hoje recebe de graça a Terra Prometida, teria que se manter nela à custa de muito derramamento de sangue. Essa situação só poderia ser remediada, então, daqui a vários milênios, com a Segunda Vinda do próximo Messias."

O Grande Profeta intuía o que ia acontecer, pois, de fato, a *Fraternidade Essênia* (que era a 13ª Tribo) seria destruída no ano de 68 d.C., pelas tropas de Vespasiano; todos os essênios que viviam reclusos nas grutas da Palestina e nas catacumbas de Roma foram massacrados.

Moisés prosseguiu:

- A 13ª Tribo será formada por homens e mulheres das outras Tribos que já tenham vislumbrado o Caminho da Sarça Ardente e queiram a ele se entregar, amando a Deus sobre todas as coisas e ao próximo como a si mesmo. Enquanto as outras Tribos oferecerem a Deus sacrifícios de sangue, numa clara infração à Lei Mosaica que diz "Não Matarás", os integrantes da 13ª Tribo praticarão a não violência, ofertando ao Senhor primeiramente o seu coração amoroso, e depois os presentes que a terra distribui de modo tão pródigo: o trigo, o vinho, as flores e os frutos — esses serão os únicos holocaustos possíveis daqueles que se dedicam ao Caminho Santo...

"Essen, você fundará a 13ª Tribo, e ela se chamará, em sua homenagem, *Fraternidade Essênia*."

O discípulo ficou atônito:

- EU, senhor?! Logo eu?!

O Leão do Deserto brindou-o com um sorriso carinhoso e o confortou:

- Não se preocupe antecipadamente, viva só o momento presente. E por enquanto, Essen, não me faça mais perguntas. As coisas vão acontecer no tempo devido, e o seu coração o guiará na direção correta... E agora, por que você não faz um favor para este seu velho mestre? Eu gostaria tanto de ouvir uma bela música...

Obediente, Essen pegou a cítara e se pôs a dedilhá-la...

*

Todas essas lembranças ocorreram a Essen no alto do Monte Nebo...

Escondido atrás de alguns arbustos, incapaz de se mexer, Essen contemplava Moisés morto... Sempre temera este momento; o que queria, o que mais queria, era a presença do Mestre ao seu lado - a presença física, saudável e eterna. Esquecendo-se de que Moisés um dia lhe dissera que, para ele, o desencarne seria a Paz Suprema, Essen sentiu-se tão solitário e vulnerável quanto um menino órfão.

Foi quando uma mão lhe tocou gentilmente o ombro, num gesto de consolo. O discípulo voltou-se, assustado. Olhou em todas as direções, mas não havia ninguém. Estava só, com o cadáver do seu Mestre, no cimo no Monte Nebo... Porém, no momento seguinte, uma mensagem começou a se formar espontaneamente em sua mente, como se esta fosse uma lousa em branco:

- Como lhe disse certa vez, filho, eu agora estou em Paz. Livre, porque não mais contido pelos limites estreitos de um corpo material. O Senhor nosso Deus houve por bem me conceder a onipresença; agora, estou dentro de você, no seu coração, na sua mente, em cada côvado da Terra Prometida e, até, no sol e nas estrelas. A minha voz, hoje, é a Voz do Silêncio, que sempre pode ser ouvida na quietude... Acredite no nosso vínculo de amor, que suplanta a ilusão da própria morte...

"Abandonei a forma mais densa deste mundo físico, mas continuo trabalhando. Já indiquei a direção a ser tomada: a algumas milhas daqui começa a Terra Prometida; Josué tomará posse dela e assentará o povo hebreu. E quanto a você, Essen, chegou a sua hora! Lembra-se da 13ª Tribo?!... Levante-se!"

O discípulo ergueu-se, pronto a cumprir as ordens do seu senhor. A Voz do Silêncio comandou:

- Os livros! Apanhe os livros e estude-os cuidadosamente!

- Onde estão?

- O coração é a fonte de toda Sabedoria, Essen. Faça uso dele!

E aí a voz de Moisés, que é uma das inúmeras Vozes do Silêncio, calou-se. Mas uma outra Voz do Silêncio ressoou no topo do Monte Nebo: a do coração de Essen. Sem hesitar, ele olhou para a direita, para um ponto localizado a uns seis metros de onde se encontrava, e distinguiu uma pequena abertura na rocha do monte — uma pequena gruta. Havia outras cavernas por ali, visíveis também, mas o coração de Essen apontava para aquela.

- Os livros estão ali – murmurou para si mesmo.

Caminhou, então, em direção à gruta. No trajeto, parou apenas para uma pequena olhada no corpo do seu Mestre. Sem dúvida nenhuma, o Leão do Deserto estava em Paz: a expressão fisionômica atestava a extrema bem-aventurança...

No interior da gruta, o discípulo viu confirmada a sua intuição: numa bolsa de couro estavam guardados os Livros que o Leão do Deserto escrevera, de próprio punho, em hieróglifos egípcios. Ele conferiu um por um: *Gênesis, Êxodo, Levítico, Números e Deuteronômio*. Abriu o último livro na última página: ali estava o anúncio da morte de Moisés, feita por ele mesmo.

Essen se preparou para permanecer no cimo do Monte Nebo por longos meses e estudar minuciosamente os livros do seu Mestre e a preparação da 13ª Tribo. A partir daquele momento, iniciava-se, para ele, uma nova vida tão laboriosa quanto solitária e feliz, ao término da qual, já com a sua missão cumprida, ele haveria de deixar, por escrito, em hebraico antigo, seu depoimento para os futuros discípulos essênios:

Eu, Essen, filho de Nadab, do sangue de Aarão, que fugi para o cume do Monte Nebo em companhia de Moisés, meu Senhor, juro por sua sagrada memória que ele me mandou recolher do seu corpo, quando eu o encontrasse morto, estas escrituras. Ele revelou que a Voz do Alto o aconselhou a levá-las consigo para que não fossem destruídas ou adulteradas, como já alguns indivíduos planejavam fazê-lo tão logo o soubessem morto. Essa ordem veio como consequência de uma visão que ele teve, na qual as cópias fiéis das escrituras que ele mandara tirar para os sacerdotes e para o povo tinham sido queimadas.

Meu pai Nadab, filho de Aarão, Grande Sacerdote, foi morto no altar dos holocaustos por ter oferecido incenso sobre brasas vivas e pães ázimos como oferenda a Deus, e, de acordo com a instrução do Grande Profeta, ter-se negado a degolar animais para o sacrifício. Fugi seguindo Moisés, por ter a sua Lei sido substituída por outra, em benefício dos sacerdotes e príncipes de Israel, donos das oferendas que prescreviam sacrificar em benefício próprio. Que Jeová, Poderoso e Justiceiro, ante o Qual vou comparecer em breve, seja testemunho de que eu digo a verdade, enviando-me um servidor que me feche os olhos e recolha as escrituras de Moisés, que eu, seu servo, tenho conservado.

Mas a morte haveria de tardar um pouco mais, e Essen, muito enlevado, ainda teria tempo de acrescentar um último louvor ao Adorado Criador:

Choro de felicidade e bendigo Iaveh, que deu testemunho de que eu dizia a verdade, e trago para a minha solidão estes sete levitas que fogem da abominação de Israel, entregue à matança nos povoados que esse povo deseja habitar, renegando, dessa forma, a Lei de Jeová que diz: Não matarás.

Essa última declaração haveria de ser confirmada pelos sete levitas mencionados no texto, que se tornariam os primeiros discípulos essênios. ("Atestamos que isto é a expressão da verdade.", escreveram eles e, após, assinaram seus nomes: Johanan, Sabdiel, Jonatham, Saul, Asael, Nehemias e Azur.)

Quanto ao povo que aguardava Moisés no sopé do Monte Nebo, percebendo a morte do seu Patriarca, o pranteou bastante e lhe rendeu homenagens durante trinta dias. Terminado o luto, Josué, seguindo as ordens do Senhor, conduziu o povo hebreu até a Terra Prometida; em lá chegando, assentou as 12 Tribos já definidas.

Assim, uma nova nação, a Palestina, nasceu.

4
A BARCA DO SOL

AMADOS, EU LHES CONTEI A FORMAÇÃO da aqui denominada 13ª Tribo (a Fraternidade Essênia) porque esta é uma peça fundamental para a compreensão da história espiritual do nosso Amado Joshua, da minha própria história, da história do Cristianismo e do estabelecimento da Era de Peixes neste planeta. Relembrando um mito antiquíssimo, que ainda hoje subsiste na alma humana, posso dizer que a Fraternidade Essênia foi a Barca que conduziu a Luz do Cristo. Ou, se considerarmos o Cristianismo um barco pesqueiro de almas (imagem essa tão cara aos primeiros cristãos), a Fraternidade Essênia foi o mar através do qual trafegou a abençoada embarcação...

Por várias vezes essas duas imagens não foram apenas simbólicas, mas sim materiais, concretas: a Fraternidade Essênia nos deu, por exemplo, o transporte terrestre e marítimo na fuga para o Egito, quando Herodes mandou assassinar as crianças de menos de dois anos. E também nos desconhecidos anos da infância, adolescência e juventude de meu Filho, em suas viagens e contatos por toda a Palestina e em terras distantes (Tibet, Índia etc), a Fraternidade Essênia teve um papel decisivo; foi sempre no interior de seus Santuários (que funcionavam em grutas) que cada ação ou passo foi delineado. A Fraternidade Essênia, cujo Grande Patriarca era Moisés, foi o verdadeiro lar de Joshua, durante a sua vida física...

Muitas vezes se disse que Joshua discordava de Moisés. Na peça de condenação do seu processo, de autoria de Pôncio Pilatos, consta que o Rabi, tido como um "homem sedicioso", era contrário à Lei Mosaica.

Até mesmo em documentos que visam divulgar a mensagem do Cristo, frequentemente é atribuída a Jesus a frase: *"Moisés vos disse isso, mas agora eu vos digo que..."*

Textos como esses demonstram uma escassa compreensão espiritual a respeito do trabalho da Fraternidade de Luz. Existe uma perfeita unidade e fraternidade entre todos os Mensageiros de Deus, independentemente da época em que tenham vivido. É impossível que um se oponha a outro, seja de que forma for; pois cada um deles é um Avatar, isto é, um Ser cuja consciência reside permanentemente no Reino dos Céus, e que vem ao plano físico cumprindo uma Vontade Superior, para expandir Luz e Dádivas Celestiais no mundo da forma.

Todos os Avatares, de todas as épocas, trabalham em estrita e mútua cooperação, e cumprem um Plano Divino de Evolução Planetária. Além disso, existe também, sempre, uma continuidade da mensagem que cada um veio transmitir. É como se fosse uma escola, em que cada disciplina vai sendo ministrada gradativamente, de acordo com a capacidade de aprendizado dos alunos; assim, na primeira série, se estudam as quatro operações; na segunda, essas operações se tornam mais complexas; até que, seguindo o curso regular, os alunos têm capacidade para entender o que é uma raiz quadrada ou um logaritmo... Portanto, cada Avatar tem plena consciência do Plano de Educação que está sendo ministrado aos homens de sua época; ele sabe que a instrução que está ministrando, com o formato compatível com o tempo e com o lugar onde está trabalhando, há de vigorar por um determinado prazo, e que, depois, virá um outro professor (ou até ele mesmo) para dar seguimento às aulas...

Joshua e Moisés foram, ambos, Avatares que trouxeram consigo a tônica espiritual de uma Nova Era: Moisés inaugurou a Era de Touro, e Joshua trouxe a Luz da Era de Peixes. Havia, sim, grandes diferenças entre as personalidades desses notáveis Seres de Luz, entre as Missões que vieram cumprir e, também, entre os respectivos legados espirituais que deixaram para a humanidade. Pode-se dizer, em resumo, que, se Moisés proclamou Iaveh como o Deus do Amor Perfeito, Joshua encarnou, em si mesmo, o Amor de Deus, e que cada Era teve o seu Messias necessário.

Num mundo ainda tão obscuro como a Terra, todo Mensageiro de Deus é alvo de uma acirrada perseguição por parte das trevas; suas palavras são distorcidas, sua mensagem posta em dúvida, sua própria procedência é questionada; e muitas vezes, ele é julgado, condenado e assassinado. Se Moisés foi respeitado como Patriarca até o fim da vida e morreu de morte natural, na hora determinada por Iaveh, no Monte

Nebo, sua mensagem foi bastante vilipendiada: como é possível a um homem que determinou, como Mandamento, que não se poderia matar, prescrever tantos sacrifícios sangrentos à Divindade? E que, sempre tendo sido descrito como um "varão muito manso", prescrevesse massacres e cruéis castigos de açoitamento? Com Joshua ocorreu o mesmo. Pois quem não conhece a célebre afirmação a ele atribuída *"Não vim trazer a paz, senão a espada"?* Primeiramente, ele não mencionou a palavra paz em oposição à espada, e sim, inércia, letargia. E quanto à Espada, que é o símbolo sagrado da Fé e do próprio Miguel, o Príncipe dos Arcanjos, ele se referia à fina lâmina do Amor-Sabedoria que separa a materialidade da espiritualidade, que separa a personalidade (já tão distanciada da Divindade) do Filho de Deus que ele realmente É. A Espada mencionada por Joshua significava a ação crística, pois várias vezes durante o seu ministério repetiu seguidamente: *Eu vos dou a minha Paz, EU SOU a Paz, EU SOU a Luz do Mundo.*

Ambos falaram, cada um à sua maneira, da necessidade de paz, de fraternidade, da não violência, do não derramamento de sangue. E na história de ambos, de alguma forma, apareceram referências ao animal-símbolo da Era que representavam, na qualidade de Avatar: no caso de Moisés, houve o episódio da "adoração ao bezerro de ouro"; e quanto a Joshua, a figura do peixe estava sempre presente — seu vocabulário incluía freqüentemente as expressões *pescadores de homens ou pescadores de almas, rede de salvação, águas piscosas ou não piscosas*; seus seguidores se identificavam desenhando um peixe no chão. Embora a grande maioria dos primeiros cristãos não tivesse consciência da chegada de uma Nova Era, o que importa é que a História registrou a relação da doutrina do Cristo com o fenômeno celeste da transição da Era de Touro para a Era de Peixes...

Joshua não poderia se opor a Moisés ou à Lei Mosaica. O que ele rejeitava, assim como todos os essênios, era a vil interpretação que os homens deram à Palavra de Moisés ou à Lei Mosaica.

5
O PODER MATERIAL

NO MEU TEMPO, A PALESTINA ESTAVA DIVIDIDA nas seguintes províncias: Galileia (norte); Samaria (centro); Judeia e Idumeia (sul); e Pereia (leste).

O país era uma confluência de conexões internacionais e, de norte a sul, leste a oeste, a Palestina era cortada por cinco grandes estradas, que, por sinal, eram muito perigosas, pois estavam infestadas de quadrilhas de assaltantes; cada viajante, mesmo seguindo em caravana, tinha que efetuar um pagamento extra por sua segurança; o meio de transporte mais usado era o jumento (o cavalo e o camelo só eram utilizados pelos estrangeiros em visita à Palestina). O transporte marítimo era muito facilitado, pois a Palestina era banhada por sete mares, dentre os quais o Mar Mediterrâneo, este chamado de *Mare Nostrum* pelos romanos, e o Lago Tiberíades, o *yam*, palco de algumas passagens bíblicas.

A língua coloquial do país era o aramaico, mas o idioma considerado sagrado era o hebraico (*lesmon ha kodesh*), pois as Sagradas Escrituras estavam escritas nesse idioma. E, apesar da dominação romana e dos nomes latinos que os dominadores queriam impor às próprias cidades palestinas, o grego era a língua universal da época; os mais doutos falavam grego com a mesma fluência que tinham em sua língua materna. Aliás, a influência grega era tão grande no mundo daquela época que, mesmo na Palestina, havia cidades tipicamente gregas, como é o caso de Cesareia de Felipe e a própria Séforis, capital da Galileia. Nessas cidades, que já possuíam um teatro e alguns templos dedicados aos deuses do Olimpo, o

povo começava a incorporar o hábito de comer reclinado, e a usar túnicas, mantos e sandálias gregas.
Foi no norte que eu nasci: Galileia, que tinha em Séforis a sua capital administrativa, ocupava uma área de aproximadamente 111 km (sentido norte-sul) por 55 km (leste-oeste) e que comportava 15 cidades principais e mais centenas de aldeias. O principal historiador da época estimou que a Galileia tivesse uma população de 3 milhões de habitantes, o que é um certo equívoco. Embora não tão populosa quanto imaginou o historiador, é certo que a Galileia era um centro de confluência de muitos estrangeiros, pois quase todos os viajantes provenientes do Egito, Mesopotâmia e os que atravessavam o Mediterrâneo ali se detinham. Por isso, o comércio local, floresceu, e o intercâmbio racial fluía livremente, para benefício de todos.

Era uma bela região, decerto, exaltada por poetas, músicos, historiadores ou simples devotos; dependendo da hora do dia ou da estação do ano em que mais se sentiram tocados por seus encantos naturais, os amantes dessa província do norte a chamaram de "Dourada Galileia", "Verde Galileia", "Branca Galileia", "Galileia Azul". Como se vê, as cores variavam de acordo com a sensibilidade de seus artistas, mas de qualquer forma, era a mais bela região da Palestina. A terra era fértil; os bosques de carvalhos, pinheiros e terebintos eram exuberantes, e os campos repletos de trigo, cevada, azeitonas, legumes, cereais, frutas as mais saborosas e apreciadas; as culturas do linho e do cânhamo eram, também, características da região.

Tamanha beleza e riqueza provocava a inveja da árida Judeia, que, por causa de Jerusalém ("A Cidade de Davi" ou "Cidade Santa"), era justamente o centro do poder temporal. Num outro momento histórico, anterior ao Advento do Cristo, a antipatia dos sulistas pelos nortistas chegou a criar uma organização dos moradores de algumas cidades da Judeia no sentido de impedir que os galileus visitassem Jerusalém. Não chegou a haver conflito armado, mas os sulistas criavam tantas barreiras e entraves à passagem dos galileus que a viagem se tornava bastante árdua e lenta.

Por fim, prevaleceu a devoção pela chamada Cidade Santa. Os habitantes de Judá, então, investidos do maior orgulho regional e fé religiosa, "permitiram" o livre acesso a Jerusalém. E mais: estabeleceram a obrigação de todos os palestinos visitarem o Templo de Salomão pelo menos uma vez na vida. Depois, houve uma nova exigência: cada criança nascida na Palestina deveria ser levada a Jerusalém, logo nos primeiros anos de vida, para ser apresentada formalmente no Templo. No decorrer do tempo, todos os palestinos passaram a pagar impostos (havia 24 tipos de tributos diferentes) para a manutenção do Templo de Jerusalém, e se acrescentou a tudo isso a quase obrigação de se comparecer a Jerusalém por ocasião das festas da Páscoa, de Pentecostes e dos Tabernáculos. Contudo, o preconceito contra os que nasceram ou moravam na Galileia perdurou; ainda em nossa época se dizia em Jerusalém que "nenhum profeta jamais viera nem jamais viria da Galileia".

O clero do Templo de Jerusalém era constituído por duas classes básicas: a dos fariseus, que normalmente eram comerciantes, artesãos ou camponeses que, por terem cumprido com rigor as chamadas *normas de pureza* e dado generosas contribuições financeiras, se elevaram do *am haretz* ou a grande massa do povo; e a dos saduceus, que eram considerados doutores da Lei, pois haviam estudado a Torá em profundidade e conheciam todas as normas litúrgicas; a estes últimos, o povo, respeitosamente, chamava de *abba*, que significa pai.

No meio do clero de Jerusalém - em sua maioria bastante corrupto, mercenário e violento - estavam infiltrados alguns essênios, que receberam da Fraternidade a incumbência de, ali naquele meio, coibir, na medida do possível, a violência, os descalabros e o sacrifício de animais; nossos queridos Nicodemos de Nicópolis e José de Arimatéia foram dois desses abnegados essênios que trabalharam em prol da Luz em ambiente tão hostil.

O Sinédrio (*Sanhedrin*) era o maior poder constituído da época, uma espécie de senado eclesiástico, formado por 71 membros; dispunha de uma polícia particular para prender e punir aqueles que, segundo seu critério, fossem considerados infratores ou criminosos. Dentro do Sinédrio, foi criado um certo Conselho de Vigilância; no princípio, os conselheiros, coniventes com os dominadores, empenhavam-se em delatar "os inimigos de César"; na época do ministério de Joshua, esse Conselho passou a perseguir aqueles que participassem de. reuniões secretas onde se fazia a revisão dos Livros de Moisés e se discorresse sobre o aparecimento de um Messias Libertador que não pertencesse às classes abastadas e clericais. (Naturalmente, esta última perseguição se dirigia aos essênios, que, mesmo em Jerusalém, continuavam se reunindo secretamente para se fortalecerem na fé e darem apoio à Missão Redentora de Joshua.) Apesar do anseio popular e geral por um Messias que viesse libertar a Palestina do jugo romano, o clero de Jerusalém não tolerava a idéia de que esse líder não surgisse de seu próprio meio... Segundo o clero, os dois maiores delitos que alguém poderia cometer eram os seguintes: renegar Iaveh ou, então, declarar-se igual a Ele ou Filho d'Ele.

Abaixo da reduzida classe rica (formada pela corte de Herodes, a nobreza sacerdotal, os banqueiros, os grandes proprietários de terras e negociantes de trigo, vinho, óleo e madeira), esparramava-se o *am haretz*, o povo, iletrado e humilde, que exercia profissões ditas desprezíveis e era parcamente remunerado por seu duro trabalho. A miséria era muito grande na Palestina; na própria Jerusalém os mendigos eram incontáveis.

A miséria, a cobrança de impostos extorsivos ao povo e mais o orgulho patriótico ferido pelo domínio romano fomentou a revolta no seio da população: apareceram os *zelotes* ou *sicários*, revolucionários que, pela ação armada, se empenhavam na luta política contra os romanos.

Iniciado em 37 a.C., o regime de terror de Herodes, autodenominado O Grande, prolongou-se até 4 d.C. O tirano promoveu várias chacinas; entre milhares de pessoas, mandou matar também dois de seus próprios filhos (Alexandre e Aristóbulo), a sogra Alexandra, os dois maridos de sua irmã Salomé, além de outros familiares, simplesmente por suspeitar que queriam lhe tomar o poder. Pelo mesmo motivo, dizimou brutalmente muitas famílias nobres, e todos os seus adversários políticos. Cinco dias antes de morrer, ainda haveria de decretar a morte de seu filho Antípatro. A esposa Mariana, também condenada à morte, conseguiu fugir a tempo e, até o fim da vida de Herodes, permaneceu refugiada num dos Santuários essênios.

6
A FRATERNIDADE SILENCIOSA

EM NOSSA ÉPOCA, A FRATERNIDADE ESSÊNIA (também chamada de Fraternidade Silenciosa pelos seus membros) já estava com quinze séculos de existência, e mais viva do que nunca. A Palestina, a Arábia, a Pérsia e a Índia eram as quatro sedes mundiais desse movimento, os quatro corações pulsantes de Vida naquele cenário tão estéril de Espírito. Na Palestina, a sede essênia ficava localizada em Moabe, justamente onde Moisés abandonara a vestimenta de carne e onde, no meu tempo, funcionava a hierarquia da Fraternidade - o Conselho dos 70 Anciãos

O discipulado essênio tinha sete graus e, normalmente, cada um desses estágios deveria ser cumprido, no mínimo, em sete anos; a duração desses graus só poderia ser reduzida no caso em que o discípulo já fosse, reconhecidamente, um Mensageiro da Luz ou um próprio Avatar (os Mestres essênios tinham perfeitas condições de identificar os Seres que já encontravam em um adiantado grau de evolução) — foi este o caso, por exemplo, de Joshua e de seu Mestre João Batista, o Grandioso Lord Maitreya, que foram sagrados Mestres de Almas (a mais alta graduação da Fraternidade) ainda adolescentes. O primeiro grau era da Fraternidade e do Silêncio; nesse estágio, se aprendia a servir ao próximo com Amor e Compaixão, e se aprendia, também, a ouvir sem julgar e a calar. No quarto grau, os discípulos eram chamados de *círios* (isto é, velas), porque já conseguiam irradiar alguma Luz e auxílio real para o mundo enfermo. No sétimo grau se alcançava a Iluminação.

Em todos os quatro países-sedes da Fraternidade, seus Santuários e alojamentos funcionavam em cavernas. Ao longo de toda a Palestina, havia um verdadeiro labirinto de cavernas, a maioria delas subterrâneas. Ali moravam os monges essênios, homens e mulheres que viviam em regime de celibato e permanentemente entregues às práticas espirituais; ali também se aceitavam crianças que, desde muito novinhas, eram submetidas ao árduo treinamento essênio. Havia dois tipos de monges: aqueles que praticamente não tinham contato com o mundo externo, pois viviam em regime de clausura, relacionando-se apenas com os outros Irmãos da Fraternidade, e os chamados *Monges Peregrinos* que, morando nas grutas, saíam regularmente para o mundo externo em missões de caridade, levando alimento, roupas, remédios e, principalmente, consolo e Amor. Estes últimos, os Peregrinos, ainda tinham funções muito especiais dentro da organização da Fraternidade: eles tanto serviam de "correio" para a Fraternidade, como também recolhiam, nos lugares por onde passavam, as plantas medicinais necessárias para a confecção dos medicamentos essênios.

No interior das grutas, a vida era muito simples e ativa: os monges comiam o que plantavam, teciam as próprias roupas, pesquisavam plantas medicinais (os essênios foram os precursores do uso dos florais, que só agora estão em voga), fabricavam medicamentos, ensinavam as crianças, instruíam os essênios de graus inferiores, celebravam seus rituais, estudavam muito, jejuavam muito, oravam muito. Eventualmente, recebiam as doações espontâneas dos essênios casados, que moravam fora das grutas. Mas todos eles, monges ou não, praticavam o princípio da não violência; por isso, eram vegetarianos e, cumprindo a verdadeira Lei Mosaica, condenavam enfaticamente o sacrifício de animais, prática tão comum na época. Enquanto no Templo de Jerusalém havia sempre um mar de sangue dos animais abatidos para os rituais, nos altares essênios eram oferecidos a Deus, conforme as recomendações do Patriarca Moisés, o pão e o vinho, flores e frutas e muito incenso.

Para completar o tapete onde haveria de ser bordado o Cristianismo e o início da Era de Peixes, vou falar sucintamente da situação da saúde e da mulher naquela época, pois esses dados são muito importantes para a compreensão dos acontecimentos da minha vida e da vida de Joshua.

Naturalmente, o mundo era muito mais doente do que é hoje, pois se ressentia da presença de um Cristo para curá-lo. A média da vida humana oscilava em torno dos 40 anos. Inúmeras enfermidades físicas e mentais dizimavam a população mas, dentre todas as doenças, a que mais repulsa causava à sociedade era a lepra. Os infelizes que padeciam desse mal eram banidos das cidades e ficavam confinados, até o final da vida, em colônias de leprosos; estas não eram estabelecimentos sanitários criados para o tratamento dos enfermos, mas, sim, uma infinidade de cavernas pequenas e escuras, encravadas em montanhas da Palestina. Triste fardo o deles! Seu destino reduzia-se à espera da morte, enquanto seus corpos apodreciam em vida. Não raro, enlouqueciam de solidão e desespero; e quando qualquer um deles se atrevia a entrar em sua antiga cidade na esperança de ver, pelo menos de longe, a sua família, era morto a pedradas... A única assistência que recebiam, naquele final de vida, era da Fraternidade Essênia, cujos Monges Peregrinos (muitos deles médicos) percorriam o mundo, levando alimentos, roupas e remédios para os doentes. Quando passava alguma caravana por aqueles ermos, os enfermos mendigavam algum auxílio aos viajantes - algum tipo de alimento, roupa ou medicamento. Mas, para isso, tinham que se manter a uma longa distância da caravana e estar vestidos de um saco rústico, que lhes cobria até a cabeça e que tinha apenas duas aberturas para os olhos...

Mulher. Frases tiradas de dois textos rabínicos podem resumir muito bem a situação da mulher na sociedade judaica: "Desditoso é aquele cujos filhos são mulheres". E mais: "O homem deveria agradecer a Deus diariamente por não tê-lo feito mulher, pagão ou proletário". Como se pode ver, o homem judeu daquela época era um ser emocionalmente aleijado, pois lhe faltava completamente a integração com o Princípio e o Ideal Feminino que está em tudo e nele mesmo.

Tratada como uma mera propriedade do pai ou do marido, a mulher - considerada mentirosa e falsa por natureza - não tinha direito algum, nem sequer o de aprender a Torá, a Lei. Na Galileia, foco de tantas misturas étnicas, a situação era bem melhor, mas não chegava ao ponto de se admitir meninas nas escolas; estas, quando queriam estudar, recebiam instrução particular, em casa. Somente dentro da Fraternidade Essênia, a mulher era valorizada como deve ser. Eu, que passei a infância e adolescência nas grutas essênias, tive a bênção de estudar as Escrituras, o hebraico antigo, o grego e o sânscrito... Quanto ao nosso Joshua, ele sempre teve muitas discípulas, que chegaram a acompanhá-lo, juntamente com os apóstolos, durante as suas peregrinações pela Palestina; naturalmente, o seu comportamento era considerado excessivamente "liberal" e, portanto, também por isso, agressivo aos costumes da época...

7
ÁLBUM DE RETRATOS

AGORA, FILHINHOS, EU ME PREPARO para abrir o meu álbum de retratos, o tesouro de lembranças pessoais da minha vida terrena...

Nasci em Nazaré, uma pequenina cidade da Galileia, localizada a uns 400 metros de altitude, nas faldas do Monte Nebi, por sua vez incrustado nas encostas ocidentais da cordilheira que culmina no bíblico Monte Tabor, onde Joshua, um dia, haveria de se transfigurar.

A cidadezinha era um primor, toda branquinha, rodeada por campos fartamente cultivados e por bosques onde altas palmeiras se destacavam, como um monumento à Vida e à possibilidade de um crescimento incessante. Nazaré sempre me pareceu uma florzinha silvestre, branca, banhada de sol, inserida num ramalhete.

O sol, ah, o sol! Posso dizer que a primeira imagem retida na memória dessa vida terrena foi a presença do sol - seu brilho transcendente, sua força, seu vigor, a esperança de que ele é pleno... Nazaré era sempre muito banhada de sol, pois todas as casas eram orientadas para o leste e, assim, recebiam o sol o dia inteiro.

Mas o sol a que me refiro, o que marcou o início do meu álbum de retratos, foi, principalmente, aquele imenso sol dourado que não ofuscava a vista, aquele sol que eu vi no momento em que a minha nova alma se entremeava com o corpo humano, às portas do nascimento. No momento preciso em que a minha alma estava sendo puxada, e caía, rumo à mais densa e completa escuridão (pois a descida a um corpo humano, no plano físico, me pareceu dessa forma), um sol magnífico brilhou nesse instante.

Nele, eu vi a Nossa Senhora, Deus-Mãe deste sistema solar de que a Terra faz parte; vi também a Senhora desta galáxia e também a nossa Mãe Cósmica... Uma Trindade do Princípio Feminino de Deus bem ali, no Coração do Sol, presidindo meu nascimento. Ah, como eu amo e bendigo o Sol!

A segunda sensação que guardo da minha encarnação foi de natureza auditiva: a suave cantiga produzida pelo movimento de águas. Logo na entrada de Nazaré havia uma fonte d'água, onde as mulheres enchiam os seus cântaros e os peregrinos se refrescavam de sua longa viagem; o local também servia de ponto de encontro para todos os *notzrim* (nazarenos). Mas a água a que me refiro, aquela que assinalou a memória do meu nascimento, foi o barulho da bolsa d'água se rompendo para dar passagem àquele feto e, principalmente, o Mar Eterno de Vida que é o Espírito Santo e que está sempre à disposição de cada ser. No momento da encarnação, foi impressa na minha memória a seguinte sentença e apelo: "EU SOU a Senhora das Águas. E também o é cada mulher e cada homem desta Terra. Que os seus corações, mais do que suas mentes, se abram para esta divina compreensão!"

A terceira sensação foi gustativa. A minha mãe terrena me amamentou; em Nazaré se produzia um mel delicioso, e todo o alimento daquela cidadezinha, além de ser abundante e diversificado, tinha um sabor muito especial porque o principal adubo era o Amor: o povo de Nazaré trabalhava na lavoura não por obrigação, mas sempre com muita alegria, com muito prazer (a terra era fértil); enquanto a Judeia estava coberta pelo deserto, na Galileia, ou mais precisamente em Nazaré, a riqueza brotava espontaneamente do chão... Mas a sensação gustativa memorável a que me refiro, a que marcou o meu nascimento físico, foi a de estar saciada pelo Alimento do Espírito, que é a Graça - já lhes falei sobre este assunto...

A quarta sensação foi olfativa e tátil. Ao contrário da rígida Jerusalém, cujos jardins só poderiam ter rosas, Nazaré era uma verdadeira floricultura; todas as casas tinham jardins, com flores as mais variadas - seus perfumes, cores, formatos, texturas eram um eterno festival. Mas a sensação olfativa e tátil que marcou o meu nascimento na matéria foi a imensa e fulgurante rosa branca, feita de Luz Eletrônica, Puro Fogo, que, para me homenagear, uma amorosa legião angélica fez surgir nos céus das Esferas de Luz, segundos antes de eu mergulhar na matéria. A rosa branca, que sempre foi a minha preferida, iria assinalar, também, o término da minha existência terrena...

A quinta sensação foi a de Liberdade. Nazaré, ao contrário de muitas outras cidades daquela época, não estava encerrada dentro de nenhuma muralha e, consequentemente, não tinha portas — ao contrário, Nazaré tinha três estradas que levavam para outras cidades, para o mundo. Mas a Liberdade a que me refiro é outra: apesar de eu estar comprimida e anulada naquele corpo humano tão tosco (se comparado com a plenitude e a onisciência que se vive nas altas esferas de Luz), eu experimentei a Liberdade do Espírito por ocasião do meu nascimento. A despeito do sufocante *véu do esquecimento* que cobre todo este planeta e serve de mortalha à consciência dos que aqui vivem, Deus está sempre presente. A ligação com Deus Pai-Mãe e Seus Sagrados Mensageiros tem que ser cultivada a todo momento, para que o Espírito possa sagrar-se vencedor, o Messias possa demonstrar a ressurreição sobre a própria morte e o alento renovador da Era da Peixes possa descer sobre esta humanidade, despertando-a. "Eu tenho que cultivar esta ligação como se fosse uma rosa, altamente aromática, preciosa e curativa. Tenho que fazer unguentos com ela, pomadas e remédios caseiros e distribuí-los a todos à minha volta. Tenho que plantá-la em todas as casas. Tenho que regá-la com o meu Amor, e soprar o seu perfume de modo que ele se espalhe por toda a atmosfera terrestre".

*

Meus pais terrenos chamavam-se Ana e Joaquim. Eles eram, respectivamente, discípulos de primeiro e segundo grau da Fraternidade Essênia.

Cheia de alegria e devoção, Ana comemorou o meu nascimento balbuciando, entre lágrimas, as palavras do hino essênio número XI, o mesmo que, oito meses antes, havia cantado ao se saber grávida depois de vinte anos de infertilidade:

> Te dou graças, Deus meu,
> Pois fizeste maravilhas com o pó.
> E à Tua criatura de barro
> Manifestaste o Teu poder
> de maneira resplandecente!
> Mas quem sou eu
> para me haveres instruído
> nos mistérios de Tua Verdade,
> e me dares o conhecimento

de Tuas obras maravilhosas?
Puseste em minha boca
(um hino) de ação de graças,
em minha língua um canto de louvor,
e em meus lábios, para sempre, o júbilo!
Por isso, quero cantar o Teu Amor
E meditar em Teu Poder todo dia.
Sem cessar, quero bendizer o Teu Nome,
contar Tua glória aos filhos dos homens!
Na abundância da Tua bondade,
se deleita a minha alma!

Ao se saber grávida, Ana prometeu-me a Deus e ao serviço templário; isto significava que, aos três anos de idade, me entregaria a um Santuário essênio, onde eu viveria em regime de internato durante toda a infância e adolescência, até o casamento. Certamente a Lei Cósmica planejara, para mim, esse treinamento espiritual desde a mais tenra infância, pois ele seria fundamental para o desempenho de minhas funções como Mãe do Messias. E quanto a Ana, ela não tinha nenhum sentimento de possessividade em relação a mim: embora sem o conhecimento consciente de todo o planejamento montado para a encarnação do Avatar, ela sempre acreditou que o seu filho (ou filha), ainda no ventre, fora concebido por Iaveh e que a Ele deveria ser entregue. Para qualquer mãe, e em especial para uma que tivesse passado vinte anos sem engravidar, desejando-o profundamente, com certeza tratava-se de uma grande renúncia, mas Ana foi capaz de realizá-la. Ela era uma devota fiel dos ensinamentos essênios, e sabia que os retiros da Fraternidade Silenciosa eram oásis de santidade e de paz incrustados neste mundo tão saturado de discórdia.

Por isso, logo que nasci, ela me tomou nos braços e me envolveu naquele seu Amor que nunca aprisionou nada nem ninguém. Nunca haveria, em seu coração, no decorrer da vida, o menor sentimento de apego, separação ou perda...

Joaquim, contemplando a cena, retirou-se silenciosamente do quarto. Refugiou-se no cômodo que lhe servia de escritório. Ao fechar a porta, ajoelhou-se e pronunciou uma palavra com intenso fervor:

- *Abba!*

No secreto de seu quarto e de seu coração, Joaquim invocava Iaveh como somente os essênios faziam, chamando-O de Pai... E depois da invocação - *Abba!* - , ele entregou-se àquele sentimento de alegria profunda que o inundava e que é um dos caminhos mais diretos para Iaveh. A comunicação era perfeita, pois se baseava na Identidade: Deus é Pura Alegria; Joaquim, naquele momento, também o era.

A felicidade circulava-lhe pelo corpo como em ondas: nascera-lhe uma filha! Ao contrário do judeu comum, que considerava uma desgraça o nascimento de uma filha, Joaquim tinha uma natureza sensível e liberal; achava que qualquer tipo de discriminação era uma falha de caráter e uma distorção social. Além do mais, era essênio...

Finalmente, quebrou o silêncio revelando ao Pai como é que iria celebrar esse grande acontecimento de sua vida:

- Com um grande banquete - confidenciou. - O maior banquete que Nazaré jamais teve ou terá em sua história. E para os convidados, ainda vou distribuir roupas e remédios.

Apesar de morar em Nazaré, que era uma cidadezinha humilde (embora muito laboriosa), meu pai terreno podia ser considerado um homem rico. Tinha propriedades muito produtivas em várias cidades da Palestina e conta no banco de Jerusalém; seus produtos agrícolas e artesanais espalhavam-se pela Galileia e, até, pela Fenícia. Assim como Ana, Joaquim pertencia à Tribo de Judá; seus antepassados sempre tinham vivido em Jerusalém, mas quando ele nasceu, sua família, de comerciantes abastados, já estava estabelecida em Cesareia de Felipe, a grande cidade limítrofe entre a Galileia e a Síria e um dos maiores polos comerciais da época.

Finalmente, já casado, travara conhecimento com dois Monges Peregrinos, os Irmãos da Fraternidade Essênia que percorriam a Palestina em missões de auxílio aos desvalidos, fato este que iria mudar-lhe totalmente a vida, em particular do ponto de vista espiritual. Poucos meses depois do primeiro contato com os Peregrinos, ele pediu ingresso à Fraternidade Essênia, no Santuário do Monte Carmelo, na qualidade de discípulo. A nova postura que tinha adquirido perante a vida e seus semelhantes acarretou, também, a mudança de domicílio: Nazaré, com sua face bucólica e seu povo simples e acolhedor, foi considerada mais propícia à contemplação do Espírito desejada por Joaquim. Além do mais, o lugarejo representava para o rico comerciante, acostumado a viver em luxuosos palacetes, um exercício de simplicidade e despojamento, mais de acordo com os princípios essênios que, se nunca condenaram a riqueza e o progresso (pois, segundo eles, “Deus é Opulência”), condenavam, sim, o desperdício e o fausto egoísta. A terceira razão, esta decisiva, para a sua transferência, junto com Ana, para Nazaré foi que, lá, não havia ainda nenhum outro essênio, o que significa que não havia, naquela região, nenhuma casa cuja família abrisse as portas para acolher os Peregrinos durante as suas viagens. (Naquela época, as pousadas eram poucas e em péssimas condições de higiene; por isso, os essênios andarilhos, ao passar por cada cidade ou aldeia, costumavam hospedar-se em casas de famílias essênias.)

- O nascimento de minha filha será comemorado, sim, com um grande banquete – prosseguiu Joaquim, em sua conversa com o Pai.

– Mas os convidados desse banquete serão os miseráveis, os doentes e os idosos carentes, os loucos, os curtidores de pele, os coletores de impostos, os mendigos; enfim, todos os gentios da Palestina que eu conseguir reunir... Providenciarei, é claro, uma caravana para trazê-los até aqui.

Depois de uma pausa prolongada, Joaquim acrescentou:

- Pai, não estou esquecendo os leprosos, não. Mas acho melhor reservar um dia especial para eles, de modo que os outros convidados não se sintam ameaçados ou amedrontados..."

Por duas vezes, Joaquim, acompanhando os Monges Peregrinos, tivera contato direto com os leprosos. Na primeira vez, o horror e o pânico da contaminação deixaram-no paralisado. Mas um dos Monges, percebendo-lhe o estado de espírito, lhe ministrou uma das lições mais importantes de sua vida:

- Não existe contágio. Nem mesmo aqui, no contato direto com os leprosos, existe a possibilidade de contágio se o nosso carma ou a nossa mente não estiver compatível com a doença... qualquer que seja ela. O mundo está repleto de vírus e bactérias; como é possível, então, que alguns homens contraiam uma doença, e outros, submetidos às mesmas condições, permaneçam saudáveis?

- Predisposição orgânica, talvez? - sugeriu Joaquim.

- Ou cármica? Ou, talvez, mental? - rebateu o Monge, com um movimento displicente de ombros.

- Mas é verdade o que se diz sobre os leprosos: que eles são impuros? Imundos? - insistiu Joaquim.

- E quem de nós não o é, perante a Perfeição da Lei Cósmica, e o Amor que criou todo este universo?! Todos nós já cometemos tantas infrações terríveis contra a Lei do Amor! Por isso estamos assim; por isso, a nossa humanidade é esta Rainha Cega e Louca. E o mundo, ah, pobre mundo!... A personalidade é pecadora, mas o Filho de Deus que vive em cada um de nós é imaculado e assim continuará, por toda a eternidade; jamais o pecado ou a doença poderá tocá-lo de alguma forma. Se é com esse Filho de Deus que nos identificamos, como é possível contrairmos a lepra? Se Deus é em nós, quem ou o que poderá ser contra nós? - respondeu o Monge, já se encaminhando para um grupo de enfermos que já o aguardava.

Joaquim não os seguiu, permanecendo parado a uma distância que lhe parecia segura. Por longo tempo, ficou observando os Irmãos da Fraternidade, com as mãos nuas, tocarem os corpos já devastados pela terrível enfermidade; alguns deles já não tinham nariz, maçãs do rosto e, até, parte dos lábios; outros já se encontravam em estado terminal...

Na volta, Joaquim os inquiriu mais uma vez:

- Mas, e se vocês se contaminarem? O que aconteceria? A Fraternidade não seria dizimada, consumida pela lepra?

Os Monges o olharam incisivamente durante alguns instantes, que pareceram a Joaquim muito inquietantes. Enfim, um deles esboçou um sorriso afetuoso e uma resposta-chave para se dominar um dos maiores demônios da alma humana, que é o medo:

- Você está se referindo ao caso de não existir a fé ou, então, da entrega do seu ser ao serviço de Iaveh não ser completa, não é mesmo? Bem, mesmo nesses casos o contágio ainda não seria possível. Mas se o nosso carma, que se transmuta a cada instante, encontrar na lepra o caminho mais rápido da expiação... aí, sim, o contágio seria possível; neste caso, nós deveríamos recebê-la com gratidão porque teria sido o caminho que a nossa própria alma escolheu, e nele está a Liberdade. Não seria esta uma bela oportunidade de queimar em nosso corpo (claro, se nós tivéssemos suficiente grandeza d' alma para isso), junto com a lepra, o pecado de outras pessoas? Outra questão formulada por você: seria possível aos outros Irmãos da Fraternidade contraírem a doença, até ao ponto de extingui-la? Absolutamente não, porque não está de acordo com a Lei!

"Por outro lado, é como o meu Irmão aqui já lhe disse: o Filho de Deus que habita em cada um de nós, por estar imune a qualquer pecado, é a própria Invulnerabilidade! Ele é o Escudo - como poderíamos duvidar de Sua proteção, do Manto com que Ele nos envolve? Isto seria negá-Lo! Negar o alicerce e a força da nossa Fraternidade, negar o nosso Pai Essen, todos os Profetas e o Grande Profeta Moisés, negar o próprio Deus!

"Joaquim, existe um método seguro de se adquirir a lepra ou qualquer outra doença: é admitir que ela é mais forte que você e, mentalmente, consentir em abrigá-la em seu corpo. Excluindo esse método, que é irreversível, qualquer outro tipo de contágio, mesmo por razões cármicas, pode ser revertido."

O segundo contato com os leprosos já foi bem mais fácil; mesmo ainda presa do medo que ainda não conseguira dominar, Joaquim chegou até a tocá-los. E agora, planejando o banquete, pensava em convidá-los...

- Eu sou um homem muito rico - reconheceu Joaquim, na conversa com Iaveh. - Terras, propriedades; meus cofres estão abarrotados de ouro e dinheiro. Mas sei que tudo isso Lhe pertence, meu Pai, sendo eu apenas o Seu administrador. Ora, se eu não compartilhar com Seus filhos necessitados as riquezas que, de fato e de direito, são Suas, essas riquezas corromperão, ainda mais, a energia monetária que circula no mundo e, assim, haverão de se transformar em maldição para todos, a começar por mim mesmo e pela minha família, agora enriquecida pela chegada de nossa Maria. Quando as riquezas não são distribuídas equanimemente, elas sempre provocam um colapso. E morre sufocado tanto aquele que, egoisticamente, retém o fluxo da riqueza em suas mãos como também o que nunca teve acesso a ela...

Uma pausa, a adoração e, por fim, o apelo sentido:

- Tenha piedade de todos nós, meu Pai!

*

De fato, foi um dos maiores banquetes não só da história de Nazaré, mas da própria Palestina. Pelas três estradas que passavam pela cidadezinha, vieram os convidados, rotos e doentes, alguns loucos porque obsediados, muitos cegos e paralíticos, todos desvalidos e desprezados pela sociedade. Dias depois, foi a vez dos leprosos. Através do contato mais direto com esses enfermos, Joaquim conseguiu, enfim, dominar o medo e, numa vida subsequente, se santificar.

*

Naturalmente, as lembranças da primeira fase da minha vida terrena foram registradas muito mais na memória da alma do que, propriamente, na memória intelectual. Vou mostrar três cenas rápidas dessa fase:

Eu estava no berço, e este parecia uma cestinha de vime flutuando num mar cintilante de Luz. Mas, como todo recém-nascido, eu sentia uma necessidade premente de sugar; as gengivas coçavam, me deixando bastante inquieta e me fazendo choramingar. Foi quando uma bela Dama, dotada das luminosas asas angélicas, botou o dedo em minha boca, deixando-me sugá-lo com vontade. O gosto ficou impregnado, até o fim da vida, naquela alma humana que eu estava usando: era um gosto de mel, puríssimo, saborosíssimo, que me saciava totalmente e que tinha, além disso, a propriedade de anestesiar as gengivas.

A segunda cena é a seguinte: eu batia palminhas e emitia gritinhos de satisfação enquanto, à minha frente, se desenrolava um belo espetáculo de canto e dança, apresentado por Anjos de todas as cores.

A terceira e última lembrança dessa fase da minha vida foi a do meu segundo aniversário. Para comemorá-lo, o meu Grande, Querido Arcanjo Miguel me deu de presente um exército completo de soldadinhos formado por Querubins. Como se fossem soldadinhos de chumbo, eles marchavam à minha frente, faziam reverências e, afinadíssimos, ainda tocavam vários instrumentos de sopro e de cordas, dentre os quais o alaúde, a *gusla* (antigo instrumento que lembrava o violino) e *kinnor* (harpa); ainda havia um deles que, no momento mais vibrante da música, a título de *gran finale*, distendia um arco e desferia uma flecha de Amor, rosa-dourada, no meu coração — como se vê, formavam realmente uma Orquestra Celestial. Eu passava horas de encantamento vendo-os marchar e tocar. Quando o criativo exército de pequenos músicos passou a executar alegres canções infantis, introduziu, também, uma brincadeira: ao chegar à quina do móvel onde os músicos-soldados estivessem se apresentando, simulavam que tinham tropeçado e se jogavam no ar, numa queda-livre. Eu corria com as mãos estendidas para evitar que eles caíssem no chão e se machucassem; mas antes que conseguisse agarrá-los, eles abriam as asas e voavam, como minúsculos passarinhos, rindo e enchendo a atmosfera de rastros de Luz... Ríamos todos, e muito, muito.

Os meus companheiros de folguedos eram, no duplo sentido, muito animados. Não era, pois, de se estranhar que eu, quase sempre, deixava esquecidas as minhas bonecas de pano...

8
A CIDADE VERMELHA

JERUSALÉM, PARA OS ROMANOS, era apenas uma colônia chamada Aelia Capitolina, que tinha que ser submetida pela força das armas. Os judeus, ao contrário, chamavam-na reverentemente de *He Hagia,* isto é, A Santa.

Aos três anos de idade, antes de ser entregue ao Santuário do Monte Carmelo, onde eu passaria a minha infância e adolescência, meus pais terrenos me levaram a Jerusalém, para ser apresentada formalmente no Templo. Mais do que uma obrigação para com a religião (pois lá a verdadeira religião, que é a Senda Espiritual que liga o homem ao seu Criador, se encontrava muito combalida), essa apresentação era um dever (forjado principalmente por interesses financeiros) para com a sociedade e o Estado - pelo menos assim me explicaram depois os Mestres essênios, acrescentando que não convinha deixar de cumprir essa obrigação para não acirrar, ainda mais, o ódio e a perseguição contra a Fraternidade.

Para uma criança assim tão novinha, a viagem foi extenuante e insuportável, pois durou aproximadamente uma semana; a mesma viagem poderia, até, ser reduzida a quase quatro dias, mas sem paradas para dormir e comer. A caravana à qual nos juntamos vinha de Tolemaida, o mais importante porto do mar da Galileia, e parava em Nazaré; saindo de nossa cidadezinha e chegando à Planície do Esdrelon, a caravana tomava o caminho que passava por Sevthópolis, cruzava toda a Samaria; na Judeia, para onde se dirigiam quase todos os viajantes, as principais paradas eram: Bethel, Jericó, Jerusalém, Belém e, finalmente, Hebrom, ponto terminal.

Já no início da longa viagem, pude contemplar longamente a silhueta do Monte Tabor, onde funcionava um Santuário essênio muito importante e que se transformaria num local tão caro aos cristãos por causa da Transfiguração de Joshua. Depois da cidade de Sevthópolis, situada na fronteira entre as províncias da Galileia e a Samaria, a caravana cruzou uma área habitada por leprosos; o exército de Querubins, que sempre me acompanhava, sendo minúsculo em estatutura mas gigante em Compaixão, voou incontinenti para lá e derramou muita Luz sobre aquela colônia tão sofrida. A minha alma - que, pela pureza impressa pelos Elohim no momento de sua criação, não era infantil (como acontece com a maior parte das crianças encarnadas) mas, sim, completamente adulta – também se deslocou para as cavernas dos leprosos. Um poderoso trabalho de cura foi realizado e, à nossa saída, quase todos os enfermos estavam em paz.

Depois que passamos por Jericó, pude perceber que o fluxo de peregrinos na estrada aumentara sensivelmente. Todos se dirigiam para a Cidade Santa: devotos de Samaria e de várias outras cidades da Judeia, comerciantes (principalmente arameus e cipriotas), aldeões e trabalhadores. Os mais abastados iam montados em burros, mas a grande maioria viajava a pé. E muitos deles levavam animais para o sacrifício; o mugido do gado, o balido das ovelhas e o arrulho dos pombos me cortaram o coração porque, intuitivamente, eu soube por que estavam sendo levados a Jerusalém.

Já na última trilha antes da Cidade Santa, as levas de peregrinos já compunham uma pequena multidão. O povo, devoto, espontaneamente cantava hinos de louvor a Jerusalém, como se esta fosse o próprio Reino dos Céus.

Passamos pelo Monte das Oliveiras, com suas belas romãzeiras, hortas e jardins. Os peregrinos que por algum motivo não tinham acomodação na cidade ali armavam suas tendas. De fato, havia muitos desses abrigos espalhados pelo monte, feitos de ramos entrelaçados, mas sem teto. Provavelmente os seus usuários, acordando no meio da noite, olhavam as estrelas e se lembravam das noites que seus antepassados conheceram no deserto, ao lado de Moisés...

Finalmente, apareceram à nossa frente a muralha maciça, feita de pedras enormes, e o portão. Atrás da muralha, já se podia ver a cúpula redonda do Templo de Salomão. O povo, mesmo acostumado a frequentar Jerusalém, sempre ficava deslumbrado diante daquela fachada de 50 metros de altura e todos aqueles ornatos de ouro puro; entre exclamações, lágrimas e sorrisos devotos, os peregrinos prorromperam em elogios à imponência e à beleza da localidade.

Mas eu, com a minha sensibilidade infantil e uma certa clarividência, fiquei muito amedrontada, pois vi a cidade no meio de um imenso redemoinho vermelho-sangue, que girava furiosamente, comprimindo-a em seu abraço. No turbilhão, vi corpos de animais dilacerados e escuras silhuetas humanas, dotadas de asas parecidas com as do morcego. E ouvi muitas vozes, todas chorosas. Muitos lamentos desesperados impregnavam a atmosfera de Jerusalém, chamada muito reverentemente de *He Hagia*, A Santa. Chorando, busquei refúgio no colo de Ana, enquanto a multidão de peregrinos explodia numa canção cheia de ardor religioso e patriótico.

O interior do Templo, embora suntuoso, com seus inúmeros átrios, se revelou para mim ainda muito mais tétrico. Eu vi um sacerdote ainda armado de cutelo e com as vestes sujas de sangue: acabara de realizar vários sacrifícios. Com a visão astral, eu vi, numa outra sala que não estava visível aos olhos físicos, o sangue das inocentes vítimas escorrendo por um tubo de bronze até se depositar num tanque de mármore. Em outro ambiente, as carnes dos animais que já tinham sido esquartejados estavam sendo repartidas pelas famílias dos sacerdotes.

Pus-me a soluçar convulsivamente. Meus pais terrenos chamaram um sacerdote essênio que trabalhava no Templo de Jerusalém. Esse Irmão me tomou nos braços, sussurrou algumas palavras bondosas ao meu ouvido e, logo depois, dormi profunda e calmamente. Foi enquanto eu dormia que ocorreu a minha cerimônia de apresentação ao Templo de Jerusalém. Em algum momento, já no fim da cerimônia, abri os olhos; na memória ficou registrado o rico turbante de brocado que cobria a cabeça do sacerdote oficiante, e mais o seu báculo adornado de rubis.

9
MONTE CARMELO

MESES DEPOIS DO RETORNO A NAZARÉ, fui levada ao Santuário essênio do Monte Carmelo.

Na verdade, eram raríssimas as crianças que eram aceitas para o discipulado essênio, que era bastante árduo e, portanto, inadequado às necessidades e interesses comuns da infância.

Os Irmãos da Fraternidade sustentavam que ali, na Escola Iniciática fundada por Essen, eram admitidas almas e não personalidades. Para que uma alma encarnada fosse considerada apta, em tão tenra idade, para um treinamento tão penoso como o que era praticado nos retiros das cavernas, era necessário que essa alma já tivesse superado a ilusão dos sentidos e que já tivesse eleito, em níveis internos, o Caminho da Sarça Ardente como a sua opção de vida; enfim, que tivesse em Iaveh a sua maior meta, e que em nome d'Ele quisesse trabalhar para a redenção de seus semelhantes. O que os examinadores essênios avaliavam não era a capacidade intelectual nem tampouco os talentos de cada discípulo, mas sim a predisposição amorosa para servir ao próximo e trabalhar para o planeta.

E eles tinham perfeitas condições para essa avaliação. Muito mais do que uma arguição oral ou a observação do comportamento da criança, os examinadores se guiavam por sua sensibilidade, clarividência e orientação direta do Pai Essen e do Grande Profeta Moisés, a quem sempre pediam ajuda nas decisões importantes. Intuitivamente eles recebiam resposta às suas invocações; porém, em caso de dúvida ou discordância entre os membros da banca examinadora, já havia acontecido de os dois Patriarcas se apresentarem visíveis aos discípulos mais graduados, para comunicar, em voz audível, a sua sentença.

Quando não eram aceitas, as crianças eram imediatamente devolvidas aos pais ou, no caso de serem órfãs, encaminhadas a alguma família essênia que as aceitassem como filhas. Havia, também, casos em que uma criança era considerada apta apenas para iniciar o discipulado, quer dizer, elas tinham apenas as condições mínimas para tal; então ela era aceita, mas a sua permanência nos retiros ficava sujeita ao seu comportamento ou ao seu próprio livre-arbítrio.

Quanto aos adultos, o critério era diferente, pois lhes era facultado ter uma vida normal, não monástica, constituir família e morar fora das cavernas; no caso de quererem ser monges, aí teriam que fazer voto de castidade, pobreza e serviço.

Desde o momento em que Ana se soube grávida, ela nunca acreditou que o seu filho não fosse aceito para o discipulado essênio e a vida nas cavernas. Seu raciocínio era simples: após vinte anos de infertilidade, Iaveh, e somente Ele, era responsável por tal milagre. Por isso, a criança que se desenvolvia em seu ventre já estava predestinada a Deus. A confiança de Ana contagiou Joaquim.

E assim estávamos nós três - eu, Ana e Joaquim - a caminho do Santuário do Monte Carmelo, que era chamado pelos Irmãos da Fraternidade "A Casa do Profeta Elias", pois ali, no passado, se refugiara esse Grande Ser (atualmente Lord Maitreya, preparando-se para se encarnar como meu sobrinho) quando se recusara a se apresentar perante o rei Achab, que queria testemunhar, e usar em seu próprio benefício, os prodígios de que o profeta era capaz. Dizem as crônicas e as lendas da época (que a história registrou) que o rei enviou várias tropas para capturá-lo, mas à medida que os soldados se acercavam do Monte onde estava o Santo, apareciam horrendos dragões cuspindo fogo... Debandados os seus perseguidores, Elias reuniu, naquele local, algumas almas sequiosas de Luz e as instruiu.

Na longa viagem de Nazaré para o Carmelo, já nos hospedáramos em duas *bethsaids*, que eram as pousadas secretas que os Irmãos essênios abriam, ao longo do trajeto, para acolher os viajantes que se dirigiam aos Santuários. Ao contrário do que acontecera no Templo de Jerusalém, cujo ambiente me pareceu muito sombrio, eu senti que tanto as pessoas que tomavam conta daquelas pousadas quanto as que nela se hospedavam faziam parte da minha família, e que o ambiente, embora muito despojado, era aconchegante e harmonioso.

À medida que percorríamos o caminho acidentado, eu ia sentindo cada vez mais intensamente que aquele era o meu verdadeiro lar. Por mais amor e harmonia que houvesse na casa de meus pais terrenos, e por mais que eu os amasse e eles a mim, Ana estava certa: a minha vida pertencia exclusivamente ao Senhor, pois só me encarnara para servir a Deus Pai-Mãe e ao seu Plano de Iluminação planetária, nada mais.

Apesar de, até então, em corpo físico, jamais ter colocado os pés naquele lugar, eu o conhecia à perfeição - cada detalhe do solo, da flora e da fauna.

Aos atônitos Ana e Joaquim, fui descrevendo o altar do Templo, com as suas Tábuas da Lei e o *nemorah*, o candelabro de sete velas, e como os raios de sol, pela manhã, e os raios da lua, à noite, o iluminavam tão magicamente; falei das oferendas que eram feitas à Divindade durante os rituais, e especialmente sobre o Pão Sagrado, o chamado *Pão da Propiciação*, assim chamado porque ele *propiciava* o alimento espiritual (e, consequentemente, o alimento material e a cura) a todos os que dele se nutriam; contei onde estavam localizadas as múmias dos Irmãos Maiores da Fraternidade, que haviam consagrado a sua vida ao serviço da Luz.

Recobrando-se do espanto, Joaquim perguntou como eu sabia de tudo aquilo.

- Eu sonhei - respondi com sinceridade. -Eu sonho muito com este lugar.

Era verdade: se em corpo físico eu jamais estivera ali, a minha alma, à noite, se deslocava com frequência para aquele Santuário que, mesmo sem saber conscientemente, eu considerava *meu lar*.

Passamos pelas vinhas e castanheiros que me apareciam tão nitidamente nos sonhos; observamos os camponeses que, nas faldas do Monte Carmelo, faziam o seu comércio de lã, cera, mel, castanhas, frutas e peles de animais. Ouvimos o mar bravio do Mediterrâneo lambendo os penhascos...

Diante de nós erguia-se, enfim, o mosteiro, repleto de pequenas janelas - eu, nativa de Nazaré, onde o mel era tão abundante, já tivera oportunidade de observar os favos de mel, com seus múltiplos alvéolos; foi exatamente esta a imagem que me ocorreu, e a minha primeira definição do Santuário foi a seguinte: "o Carmelo é um grande favo de mel". Mas eu também sabia que o verdadeiro Santuário essênio não era essa construção maciça, que mais parecia um forte, mas, sim, as grutas subterrâneas, abertas por Santos que ali viveram em tempos pretéritos.

Nos subterrâneos rochosos ardia a Chama do Espírito do Carmelo; e era justamente aquele Coração de Fogo que eu chamava de *meu lar*.

Como se estivesse nos observando de algum lugar, um Irmão abriu uma porta assim que nos apeamos, nos saudou com a senha "Voz do Silêncio!" e nos convidou a entrar.

*

Os onze anos que passei no Monte Carmelo foram de muito estudo, trabalho, devoção, contemplação, oração e crescimento. Para mim, foi uma vida sumamente feliz; e para as pouquíssimas crianças que também participaram do duro discipulado (no máximo, em certa época, houve mais sete meninos em minha turma), posso dizer o mesmo.

Era uma vida austera. Acordávamos ao alvorecer, fazíamos as abluções matinais e, antes da primeira refeição do dia, fazíamos muitos exercícios corporais e respiratórios, e orávamos em conjunto. Apesar das inúmeras tarefas que recebíamos em cada dia, os Mestres essênios jamais nos repreendiam pela nossa eventual dificuldade ou inabilidade em cumpri-las. Apenas perguntavam amorosamente, comparando o que havíamos feito com o modelo original ou o resultado desejado: "Você acha que está perfeito? Ou será que ainda pode melhorar?" A própria criança era levada a se autoavaliar e, a partir daí, se empenhava, ou não, no próprio aprimoramento. Não havia punições de espécie alguma; desde muito cedo aprendíamos que cada um é responsável por si mesmo.

Estudava há dois anos no Carmelo quando os meus professores me comunicaram que, por conselho do Irmão Servidor, eu teria que cumprir uma tarefa especial, para desenvolver simultaneamente o meu poder de concentração e ter um conhecimento aprofundado das Escrituras; pelo visto, essa "tarefa especial" implicaria alguns sacrifícios de minha parte pois eles foram logo explicando, em tom de consolo, que, quando eu crescesse, iria precisar muito desse treinamento na minha vida.

A tarefa era copiar as Escrituras. Lembro-me da cena que se repetiu inúmeras vezes: enquanto meus coleguinhas se divertiam em interessantes atividades no gramado, eu laboriosamente lia aqueles pergaminhos antigos, de escrita rebuscada, e tentava reproduzi-los o melhor possível, enquanto me esforçava para desviar a atenção do Sol que eu tanto amava e de todas as coisas encantadoras da infância. O trabalho, muito cansativo, me tomava o dia inteiro.

À noitinha, depois de terminar o dever de cada dia, adquiri o hábito de ir diretamente para a minha cela. Lá, naquela mesma hora de sempre, o Arcanjo Rafael passou a aparecer para mim, para me envolver no seu consolo e suavidade. Não posso nem descrever o quanto me sentia feliz em sua companhia.

Contudo, mesmo com todo o treinamento que eu estava recebendo no Monte Carmelo, houve época em que perdi o contato com os Anjos e Arcanjos. O contato com eles foi se espaçando, espaçando, a lembrança de suas asas se tornou tão apagada que um dia, simplesmente, sumiu. É verdade que, em alguns momentos desse processo de aparente afastamento dos Anjos, eu, que já estava mais grandinha, cheguei a me questionar seriamente se tudo aquilo não passava de fantasia, até porque já havia constatado que os meus Companheiros eram invisíveis aos professores e alunos do Santuário. Só quando, anos mais tarde, o contato foi restabelecido através do Arcanjo Gabriel, que me anunciou a vinda do Messias, é que pude compreender a razão do meu aparente afastamento dos Anjos: é que, à medida que eu crescia, eu me entrosava no pesado carma coletivo da raça humana - esse carma não chegou a me contaminar, porém, me submetia ao *véu do esquecimento* que recobre este mundo e que era muito mais espesso naquela época. Além do mais, houve dúvidas de minha parte quanto à veracidade daquele contato, e isso sempre constitui um bloqueio.

Nem tudo o que era ensinado no Monte Carmelo, eu, naquele corpo infantil, conseguia entender. Ouvi, por exemplo, muitas vezes durante a infância, frases tais como "Nem a lã e nem o linho, e tampouco a seda, podem tecer a Veste Gloriosa do Filho de Deus, que não tem costuras nem bainha, e é feita de Eternidade." Eu, que, aos seis anos, usava uma bata simples e branca feita de linho no próprio Santuário e que estava aprendendo a tecer e a costurar, não entendia nada. Como era possível que uma roupa não tivesse nenhuma costura? Será que existiam túnicas que já nasciam prontas? Mas o meu Mestre, com um sorriso bondoso, dizia que aquela frase específica era dirigida à minha alma, que já era adulta, e não ao meu intelecto infantil. Que eu ouvisse sem querer entender. Que ouvisse aquela frase - que seria repetida muitas e muitas vezes - como se fosse uma música estrangeira; egípcia, por exemplo. Porque a compreensão viria no tempo certo... Isso também acontecia naquele trabalho de copiar as Escrituras. Quando eu lia e copiava os textos originais dos livros de Moisés e outros Profetas não entendia praticamente nada, mas sentia que uma outra parte da minha mente estava sendo ativada...

Assim, o discipulado essênio comportava a instrução para o corpo e a instrução para a alma, e esta última era, frequentemente, ministrada durante o sono físico. De manhã, ao acordar, éramos arguidos quanto à lição ou trabalho daquela noite. Às vezes, em pleno sono, recebíamos a convocação para participar de um determinado trabalho de cura que estava sendo realizado em prol de tais e tais enfermos do povoado mais próximo. De manhã, ao acordar, éramos questionados quanto à lição ou ao trabalho daquela noite.

Inicialmente, os Mestres nos perguntavam se, por acaso, havíamos sonhado naquela noite. Face a uma resposta positiva de algum de nós, eles, então, perguntavam como tinha sido o sonho, se havia alguém doente, quem estava doente e por quê, quais tinham sido os procedimentos terapêuticos utilizados etc. Nunca comentavam os nossos relatos, mas sempre recomendavam que, toda noite, antes de dormir, nos oferecêssemos ao Serviço da Luz ou, então, pedíssemos aos Mensageiros de Deus a oportunidade de receber instruções nas altas Esferas de Luz. Os Mestres enfatizavam que o Pai Essen, o Patriarca Moisés e os demais Profetas eram nossos Irmãos Maiores, os verdadeiros Mestres da Fraternidade, e eles sempre nos ensinavam e nos ajudavam na comunicação com Seres ainda maiores.

Também em estado de vigília o desdobramento espiritual e a telepatia era estimulados. Todo exercício sempre começava com um relaxamento físico porque a consciência não fica receptiva à cura ou a qualquer outra Graça enquanto o corpo estiver tenso ou desconfortável. Em seguida, os Mestres prescreviam um exercício respiratório específico, adequado ao treinamento que iríamos fazer, e finalmente emitiam o comando de que nos deslocássemos até este ou aquele lugar, relatássemos o que estava ocorrendo ali, naquele momento, e nos comunicássemos mentalmente com os que lá estivessem. Ao iniciar o discipulado essênio, nós, crianças, não conseguíamos imaginar direito o que era "alma", mas desde cedo aprendíamos a manejá-la.

Em nossas aulas ao ar livre, passeando pelas redondezas, os nossos professores escolhiam plantas ou ervas que estivessem "doentes" ou raquíticas, ou mesmo alguma árvore que não estivesse dando frutos suficientes ou saborosos, e nos mandavam curá-las através da imposição das mãos. Primeiro, deveríamos oferecer o nosso ser inteiro à Luz de Deus, visualizando-nos como taças transbordantes; em segundo lugar, concentrar a energia nas nossas mãos, enquanto pensávamos em certos símbolos sagrados; em terceiro lugar, usar as mãos como instrumentos de cura.

Depois do reino vegetal, passamos ao reino animal; muitos pássaros (especialmente os melros e os sabiás, tão abundantes no Monte Camelo) e cabras foram nossos "pacientes" preferidos.

Com a prática, eu cheguei a ver fisicamente as mãos fluídicas de minha alma (que eram bem maiores do que as mãos físicas) como que se despregando do invólucro carnal e manejando substâncias etéricas luminosíssimas, irradiando-as para os corpos enfermos. Pude perceber que a energia tornava-se muito mais poderosa quando nos concentrávamos nos símbolos sagrados.

Em outra ocasião, o assunto foi o poder da palavra. Três frases, que se imprimiram em minha memória, bem justificavam a seriedade com que os essênios acreditavam no Poder do Verbo:

> *Se a Criação foi produto de uma Idéia do Pai,*
> *ela só tomou vida quando um Som foi pronunciado.*
>
> *Cada vez que nós pronunciamos uma palavra,*
> *somos deuses ativando um universo inteiro, uma*
> *criação inteira.*
>
> *Cada vez que uma palavra é pronunciada, começa*
> *uma eternidade — se esta eternidade será de*
> *bem-aventurança ou de tormento, isto é da*
> *responsabilidade exclusiva daquele que a proferiu.*

- É por isto - explicavam os professores - que o primeiro grau do discipulado essênio, além de ser um exercício de Fraternidade, também o é do Silêncio. Temos que aprender a calar para saber falar sem julgar. À proporção que aprendemos a silenciar, a nossa fala vai perdendo a aspereza e a ferocidade; com isso, tornamo-nos incapazes de ofender, criticar ou acusar qualquer outro Filho de Deus.

Com essa introdução, aprendemos poderosos cânticos, tanto em hebraico antigo quanto em grego antigo e em sânscrito; o mais importante foi O Mais Sagrado Nome de Deus, que só era pronunciado após uma preparação de jejum e muitas preces.

A rotina diária continuava imperturbável através dos dias, meses e anos: estudo das Escrituras, de línguas e de música (especialmente o saltério e a cítara, que eram muito usados nos rituais), tecelagem e outros trabalhos manuais, culinária, faxina, trabalho na horta (aos poucos, fui me interessando pelas ervas medicinas, aprendendo a preparar eficazes medicamentos caseiros) e, sobretudo, as poderosas cerimônias templárias. Nessas cerimônias, a congregação se vestia com a usual túnica de linho branco ou, então, com uma túnica de cor púrpura; o Monge oficiante, trajado da mesma maneira, usava na fronte uma fita onde estava bordada a Estrela de Salomão, a de cinco pontas, que é o símbolo do homem evoluído, o Filho de Deus.

Os rituais essênios, que enchiam a minha alma de Graça, normalmente começavam com o Credo: tanto o Monge oficiante quanto a assistência professavam crerem, com absoluta convicção, no Deus de Amor Todo-Poderoso, no Profeta Moisés e na perfeição dos ensinamentos da Fraternidade Essênia. Ao som de uma música sacra, a congregação recebia a Bênção de Moisés, punha-se a cantar um hino de ação de graças e a acompanhar, atenta, as palavras de um salmo; dependendo do ritual, o celebrante lia um pequeno trecho do Livro de algum Profeta e ministrava a instrução pertinente. Depois vinha a Consagração do Pão da Propiciação, do vinho, da água e das demais oferendas (flores e frutas) e a Comunhão. Por fim, encerrava-se a cerimônia com o oficiante fazendo o Sinal dos Grandes Mestres.

A Fraternidade Silenciosa também comemorava os plenilúnios; por ocasião de cada lua cheia, havia uma festa ritualística; o tom predominante desse tipo de cerimônia era o de alegria.

10
CABELOS DE NOSSA SENHORA

DE TUDO O QUE VIVI E APRENDI no Monte Carmelo, existe uma experiência que se tornou indelével para mim. Estou falando do trabalho com os seres elementais, trabalho esse que me permitiu, inclusive, materializar uma nova planta (idealizada por mim) no mundo da forma. Essa planta, chamada atualmente de "Cabelos de Nossa Senhora" ou "Cabelos da Virgem", ainda cresce em várias localidades.

Tudo começou certa noite, quando já me encontrava no leito. Na ocasião, eu estava com onze anos e, depois de um dia de trabalho intenso (na lavoura, no refeitório, no tear, no templo, na biblioteca), era natural que, como de costume, o sono me viesse quase instantaneamente.

As pálpebras se fechavam pesadamente e o relaxamento era total. De repente, estremeci, sentindo que havia mais alguém na minha cela. Instintivamente olhei para a direita e, com efeito, ele estava ali, parado, em pé, me observando. À luz da lamparina que permanecia acesa durante toda a noite, pude distinguir-lhe as feições. Era um jovem de tez bronzeada, de rosto anguloso, voluntarioso, olhos escuros, boca bem desenhada e cabelos bastos e levemente ondulados. Trajava-se à maneira essênia: uma túnica de linho branco, com um cordel na cintura, e mais sandálias de solado grosso e rústico. Apesar de tão moço, transpirava autoridade e poder.

- Salve, minha criança!

Voz agradável...

- Quem é você?

- Moisés.

- O Leão do Deserto...

- Assim me chamavam, muitas vezes, quando eu ainda trilhava os caminhos deste mundo...

Não me ocorreu questionar por que o Patriarca, que morrera aos 120 anos, tinha agora essa aparência tão jovem. Na verdade, eu sabia a razão.

- Venha comigo, Maria. A noite está apenas começando, mas temos muito a fazer...

Prontamente levantei da cama, estendendo-lhe a mão. Foi quando eu vi que o meu corpo físico continuava deitado no leito, profundamente adormecido... Moisés comandou:

- Ao templo!

O trajeto até o templo subterrâneo do Monte Carmelo foi exatamente o mesmo que se fazia normalmente, só que quase com a velocidade do pensamento. Sem o menor esforço, os nossos corpos, leves como plumas, deslizaram pelos corredores, depois pelas escadas que levavam ao subsolo, às entranhas da rocha, e afinal se detiveram diante da porta do santuário. Esta era um maciço bloco de pedra, que normalmente se abria de dentro para fora, através de um sistema de correntes; somente os Irmãos mais graduados dentro da hierarquia da Fraternidade conheciam o segredo de abri-la por fora, pressionando algum dispositivo oculto na pedra, invisível até mesmo para o olhar mais observador. Naquela noite, para meu espanto, a porta estava aberta de par em par; não estava presente o Irmão Guardião, que tinha a incumbência de franqueá-la aos participantes do Santo Ofício e, também, de zelar para que nenhuma influência externa indesejável pudesse transpor o portal do Templo, atingindo os membros da congregação reunida.

Entramos na galeria eternamente iluminada por lamparinas especiais; nas paredes polidas, um artista anônimo gravara, muitos séculos antes, alguns símbolos particularmente sagrados para os essênios e mais alguns trechos da vida de Moisés. Chegamos a uma bifurcação, onde havia duas entradas para o templo; uma delas era reservada para o uso dos Monges, tanto os do Monte Carmelo quanto os dos outros santuários essênios, enquanto a outra destinava-se aos essênios que viviam no mundo exterior, que só entravam ali de olhos vendados e guiados pelo Guardião. O Patriarca me indicou a porta de sempre: a dos Monges.

O templo estava impregnado com um suave olor de incenso. No

altar, iluminado naquela noite pelos raios prateados da lua cheia que se escoavam através de uma estreita abertura, estavam as Tábuas da Lei, o candelabro com as sete velas acesas (cada uma delas representando um dos Profetas essênios: Elias, Eliseu, Isaías, Samuel, Jonas, Jeremias e Ezequiel), o pãozinho consagrado (*o Pão da Propiciação*), o vinho e um buquê de lírios (como símbolo da Pureza).

À direita do altar, via-se um bloco de rocha talhado em forma de taça, que continha a água puríssima da fonte, recolhida em certos momentos astrológica e magicamente favoráveis e imantada, durante sete dias, por sucessivas transfusões magnéticas. Nas paredes internas do templo, em fendas abertas na rocha, que funcionavam como estantes, estavam guardados, devidamente catalogados, os pergaminhos das Escrituras, alguns deles originais, que constituíam o maior patrimônio do Monte Castelo. Nos bancos de madeira destinados ao público, estavam sentadas algumas meninas, em número de seis. Tive um breve momento de hesitação: eu não as conhecia, pois nenhuma delas pertencia àquele santuário; quem seriam? Com um simples olhar, o Leão do Deserto mandou que eu me reunisse ao grupo, acrescentando que aquelas meninas pertenciam a outros santuários essênios.

- As crianças reunidas hoje aqui, infelizmente bem poucas, foram as únicas consideradas aptas para esse treinamento. Apresento-lhe sua nova turma, Maria!

Começou a aula:

- De acordo com o aproveitamento de cada aluna, o treinamento que ora se inicia poderá ter a duração de meses, anos ou até de várias vidas. Somente a aula inaugural está sendo aqui, neste templo. A prática, que deve ser diária, será feita na solidão de suas celas ou, então, no decorrer do seu trabalho na lavoura, no próprio templo da Natureza, em horários previamente fixados (para que seja estabelecido o ritmo necessário). Com esse treinamento, vocês desenvolverão o seu poder de concentração e serão capazes de controlar os quatro elementos: terra, água, ar e fogo. Mas não é o poder que almejamos, e sim, que cada uma de vocês seja capaz de contribuir efetivamente para o desenvolvimento espiritual do reino elemental, trazendo muitas bênçãos e paz para a vida deste planeta.

"Cada ser que habita e anima cada elemento da natureza é um mero espelho do que vai na alma do homem. Se os homens de uma determinada localidade vivem em harmonia, a natureza em torno vai refletir essa harmonia; a terra se tornará mais fecunda, a água mais pura e farta, jamais haverá tornados ou ciclones, e o fogo se prestará apenas para servir ao homem, cozinhando os seus alimentos, aquecendo-o no tempo frio, elevando a sua alma a Deus, e se recusando terminantemente a queimar quem quer que seja. Mas se, ao contrário, os homens de um determinado lugar usam o fogo para destruir ou prejudicar seus semelhantes - praticando, por exemplo, incêndios criminosos - os seres daquele fogo, as salamandras, se tornam disformes, cegos de ódio e de poder de destruição; assim se constituem forças incontroláveis e altamente destrutivas que continuam agindo na natureza.

"O mesmo acontece com os demais elementos: se ao invés de ser usada para purificar e abençoar, a água for usada com fins destrutivos, ela poderá se tornar escassa, ou poluída, ou tóxica, ou agressiva e, até mesmo, mortal (quantos já não perderam a vida no mar?). Por trás de cada terremoto, no meio de qualquer atividade cataclísmica, há sempre seres elementais da terra (elfos e gnomos) em ódio, revolta e desvario...

"Então, como eu disse, o reino elemental é apenas um espelho do que vai na nossa alma. E é preciso limpar o espelho que está ao nosso alcance, para o bem de nossa comunidade. À medida que formos evoluindo espiritualmente, tanto o nosso poder de atuação quanto a nossa área de influência irão crescendo, e por isso poderemos ajudar até a Terra inteira.

"Ao final desta aula, cada uma de vocês receberá uma pequena turma de elementais (que poderá ser de gnomos, ou de ondinas, ou de silfos ou de salamandras, de acordo com a sua afinidade pessoal) pela qual se tornará responsável; vocês serão as professoras, e eles os alunos. Vocês ensinarão aos seus discípulos a só espelhar e praticar o Bem, neutralizando qualquer influência negativa que possa existir no ambiente.

"Se os elementais da terra só tiverem aprendido, até agora, a fazer uma flor, vocês lhes ensinarão a fazer a planta inteira, depois um jardim, uma horta etc, e também poderão atuar no sentido de intensificar as propriedades medicinais de cada planta, erradicando as ervas daninhas; através deles, vocês poderão melhorar a própria qualidade do solo. Se os seus elementais da água (as ondinas) estiverem restritos a uma pocinha formada pela chuva, então vocês lhes ensinarão a se movimentar por uma massa líquida de maior volume, a purificar o seu elemento, a abrir novas fontes... Aquelas que escolherem trabalhar com o elemento ar, poderão assegurar aos membros de sua comunidade a capacidade de respirar livremente o ar dado por Deus, tornando-o mais puro; de acordo com necessidade do momento, poderão acalmar ou estimular os silfos e, por extensão, os ventos. Aquelas que escolherem o fogo, estarão ativando o princípio ígneo dentro do seu ser e dentro de seus semelhantes; além da aplicação prática na vida cotidiana, o Fogo é, em sua instância mais elevada, o próprio Cristo, o Espírito.

"E agora vamos observar os seus futuros alunos..."

O Patriarca pediu que nos concentrássemos na chama de uma das velas que crepitava sobre o altar. Sob sua regência, fizemos vários exercícios de modo a abrir a visão anímica e conseguir discernir os pequeninos seres ígneos que ali habitavam. Por estarem animando o fogo consagrado a Iaveh, esses elementais (as salamandras), ainda que ínfimos, eram belíssimos. Seus pequeninos rostos, onde se distinguiam olhinhos vivos e rápidos, sua cabeleira de fogo, seu corpo em forma de chama, tudo neles era lindo!... Pudemos observar a mesma beleza nas pequenas ondinas que brincavam alegremente na água consagrada da bacia, nos silfos e sílfides que voluteavam pelos anéis de incenso, e nos gnomos e elfos que continuavam velando, no altar, as suas oferendas: o pão, o vinho e os lírios. Nestes últimos, tão interessante!, eu mal pude distinguir a forma original de seu corpo, com cabeça, tronco e membros, pois eles estavam mimetizados na forma etérica de seus produtos - assim, no altar, eles mais pareciam ramos de trigo, cachos de uva e lírios feitos de substância etérica...

- Este é um templo onde se venera permanentemente o Senhor de toda a Vida - lembrou o Leão do Deserto. - É, pois, muito natural que esses elementais sejam belos e dóceis...

Ao final da aula, cada uma de nós recebeu a sua turma de alunos. Além do prazer que sentia ao cuidar de plantas, eu sempre tive muito interesse na cura natural que pode advir do emprego das flores e das ervas medicinais; por isso, escolhi trabalhar com os elementais da terra.

O nosso treinamento (meu, como professora, e deles como alunos) iria durar mais de um ano. Vou contar, aqui, apenas o que aconteceu de mais importante:

Às primeiras aulas, eles ainda compareceram parcialmente mimetizados; assim, à minha frente, eu tinha alunos bem parecidos com ramos de trigo, cachos de uva e lírios. Dei-me conta do desafio que tinha à frente: em primeiro lugar, como fazê-los assumir a sua própria forma original? Como imprimir em suas consciências a imagem de um outro cereal, de uma outra fruta, de uma outra flor?... Fiz um longo discurso a respeito, explicando que eles não estavam presos àquelas formas, que eles poderiam fazer inúmeras outras, tão bonitas quanto aquelas, e tão necessárias à vida. Falei dos benefícios que teriam ao expandir e aprimorar o seu próprio trabalho. Expliquei a importância do seu poder de concentração, pois é isso o que determina a duração de cada produto seu, no mundo da forma..

De fato, eles eram muito dóceis, como dissera o Leão do Deserto, e prestavam muita atenção... só que, infelizmente, eles prestavam atenção em mim, na minha figura, e não ao que eu dizia, pois suas formas-pensamentos, e as idéias que eu tentava imprimir em suas consciências, oscilavam demais, diluindo-se facilmente ante qualquer detalhe que lhes chamasse a atenção. (Nesse ponto, a condição mental e emocional da humanidade muito se assemelha a dos seres elementais.)

Ao término do primeiro mês, houve uma mudança na sua aparência externa que eu considerei, erradamente, um grande progresso: eles passaram a reproduzir, em seus corpos, a minha própria imagem. Assim, diante de mim, havia dez pequenas Marias, vestidas como eu, penteadas como eu, repetindo cada gesto meu... No princípio, eu atribuí esse fato à afinidade que eles teriam passado a ter comigo, e imaginei que isso deveria facilitar muito o nosso trabalho.

O engano durou vários meses. A questão só foi esclarecida quando, trabalhando no jardim que criáramos perto do mosteiro, encontrei uma flor caída no chão. Eu a limpei e coloquei nos cabelos, como um enfeite. Minutos depois, ao começar a aula, vi que todos os alunos, além de reproduzirem a minha imagem, ainda traziam a mesma flor nos cabelos, arranjada da mesma maneira. Foi aí que duvidei da interpretação que havia dado à reprodução da minha imagem e, até, da existência dos meus alunos: "Ou não há mais nenhum ser aqui, porque os elementais já se afastaram há muito tempo, e estou apenas vendo uma exteriorização ilusória de minha própria imagem, ou então eu estou trabalhando com esse espelho da forma mais errada possível." Onde estava o erro?

Pensei: "Eles simplesmente substituíram as imagens do trigo, da uva e do lírio pela minha imagem, e a refletiram. Eles não poderiam me materializar, como o faziam com os produtos da terra. Por isso, nesse ponto, o treinamento sofreu um estrangulamento... Como professora, estou apenas atraindo para mim a atenção dos meus alunos, que não têm, ainda, a capacidade de fixar formas-pensamentos ou idéias mais elaboradas. A solução, portanto, é lhes dar uma forma-pensamento desenhada com ainda mais nitidez e realismo, de modo a torná-la mais concreta, enquanto torno a minha própria figura o mais despercebida possível. A minha forma astral tem que se anular tão completamente ao ponto de se tornar invisível para eles."

Por breves instantes, avaliei essa súbita compreensão, intuindo que o meu novo comportamento traria resultados bem interessantes... Então, lembrei-me de que, dias antes, trabalhando no jardim que criáramos perto do mosteiro, tive uma idéia a respeito de uma nova planta. "Sendo Deus" - questionei-me - "como seria uma nova planta que eu quisesse criar e manifestar no mundo da forma?" Foi assim que me veio a ideia completa da planta, ainda inexistente no mundo da forma, a que chamei de *Cabelos da Virgem*...

Os meus alunos elementais, dez minúsculas Marias de florzinha no cabelo, aguardavam pacientemente o início do meu discurso. Mas eu fiquei em silêncio. Visualizei-me envolta num Manto de Invisibilidade, enquanto ia imprimindo em seus pequeninos cérebros a imagem bem nítida de uma nova planta, com raízes, a espessura do caule, o formato das folhas etc. Sustentei com firmeza essa imagem mental.

Percebi, então, o momento em que os elementais deixaram de me ver; quanto a mim, continuei pressionando a ideia para dentro de suas mentes. Fiquei esperando. Minha expectativa era grande, mas foi compensada: em dado instante, aqueles pequeninos espelhos começaram a criar raízes sob os pés; seu tronco se esticou e afinou; de seus braços e cabelos brotaram ramos e folhas... Eles iriam materializar essa nova planta, enriquecendo a botânica deste mundo com mais uma espécie! E iriam conseguir alcançar outros estágios, mais elevados, rumo à Mestria dentro do Reino a que servem! Foi este um dos momentos mais felizes que tive nesta época, durante o discipulado no Monte Carmelo!

Os seres elementais são assim: eles espelham exatamente o que se passa na alma e na mente humana; por esse motivo, o medo, a angústia, a ira e a tristeza estão profundamente entranhados na atmosfera do planeta. O meio ambiente está todo contaminado, o que é um sério motivo de preocupação para todos os que trabalham pela cura planetária.

Faço votos de que o relato do meu treinamento com os elementais possa servir de inspiração para pessoas bem-intencionadas. E que as almas despertas deste mundo, trabalhando harmoniosamente com as Forças da Natureza, logo realizem a Paz na Terra!

*

Ana e Joaquim visitavam regularmente o Monte Carmelo - vinham me ver, assistir os rituais, fazer consultas aos Mestres sobre os ensinamentos de seu grau e, eventualmente, se submeterem a pequenas provas previstas no discipulado. Aliás, a presença de visitantes era muito frequente, pois o Monte Carmelo era um dos dois únicos Santuários que atendiam a toda a província da Galileia.

Assim se passaram os anos da minha infância e adolescência...

Aos meus 14 anos, Ana e Joaquim - belas almas companheiras! - desencarnaram, com a diferença de meses entre um e outro. No grupo de Irmãos não sacerdotes que se apresentaram no Santuário do Monte Carmelo para a iniciação de 2° grau, estava o viúvo José, pai de quatro filhos, natural de Belém, Judéia, e residente em Nazaré, minha cidade natal. Quando, pela primeira vez, nossos olhares se encontraram, eu vi, às suas costas, a gigantesca figura do Arcanjo Ezequiel. O meu Irmão Arcanjo estava em silêncio, mas tinha um sorriso encantador nos lábios e um faiscante brilho nos olhos de cor violeta... Quando, um pouco mais tarde, o Irmão Servidor, dirigente do Santuário de Monte Carmelo, me chamou em particular para dizer que o visitante nazareno pedira a minha mão em casamento, não tive dúvidas: aceitei incontinenti.

Mas antes que o casamento fosse celebrado na Fraternidade, o Arcanjo Gabriel anunciou a vinda do Messias:

- Ave, Maria, cheia de Graça! O Senhor é convosco, bendito é o fruto do vosso ventre...

11
A CASINHA BRANCA

ESTA CASINHA BRANCA, PEQUENA, modesta, sem muros e sem portão, mas toda enfeitada de flores (vejam que beleza de jardim!), foi a casa de Nazaré onde passei uma parte da minha vida terrena. Anteriormente servira de residência para José; quando nos casamos é que me mudei para cá. Foi aqui que comecei a minha vida de dona de casa, já grávida e com quatro enteados para cuidar.

Embora as oficinas e lojas de Nazaré normalmente ficassem localizadas no pequeno centro comercial do lugarejo, José sempre trabalhou em casa. Ele aproveitou um galpão situado na lateral direita para montar a oficina, que tinha duas portas: uma externa, pela qual entravam os fregueses, e a outra interna, que dava acesso para o interior da residência.

Nos fundos, ficavam a horta, o herbário e o pomar. Como eu já disse, os nazarenos (e eu não fui uma exceção) sempre tiveram muita intimidade com a terra. Sem contar uma pequena fatia da população que se dedicava a outro mister (artesanato), pode-se dizer que o povo de Nazaré era essencialmente agricultor.

Olhando-se somente a fachada da casa (e até porque não há nenhum indício externo), não se poderia dizer que, em seu subsolo, existe uma ampla gruta subterrânea; apenas no interior da casa existem escadas que dão acesso à gruta.

Curiosamente a área da "casa subterrânea" é ainda maior do que a da casa da superfície. Por mais inusitado que isso possa parecer atualmente, essa era uma característica de Nazaré: todas as casas possuíam grutas subterrâneas, e elas eram sempre maiores do que as próprias residências; consequentemente, a "cidade subterrânea" de Nazaré era quase o dobro da cidade da superfície. Isso, naturalmente, haveria de gerar muitos mal-entendidos no futuro; uns poucos arqueólogos, sociólogos e paleontólogos chegaram a afirmar que a população nazarena morava nas grutas subterrâneas. Permitam-me esclarecer a questão: as grutas de Nazaré tinham uma utilidade bem prosaica: serviam de silos e cisternas.

Discorrendo sobre a existência da gruta, lembrei-me do subsolo de todos os Templos localizados nas Esferas de Luz. Vocês sabiam que em cada Santuário de Luz, onde a Fraternidade Branca habita e se reúne, há sempre uma gruta, com um Fogo Espiritual ardendo no subsolo? Esse Fogo Espiritual é o Espírito Ardente, Vivo, Ígneo, daquele determinado Foco de Luz.

Toda a Criação é permeada por um Fogo invisível, de natureza elétrica; quando esse Fogo é concentrado num ponto e ativado espiritualmente pelos Seres de Luz, ele se torna visível, materializando-se na forma de uma Chama autossustentada, que passará a nutrir energeticamente o Templo, que, por sua vez, se torna um fabuloso Reservatório de Luz, Vida e Amor.

Amados, eis aí um ponto muito importante: a base, o alicerce. Para se resistir ao tempo e a cataclismas de todos os tipos, qualquer construção (física, emocional, mental, espiritual) tem que ter uma base sólida, luminosa, perfeitamente fincada no chão. Em outras palavras: *todo trabalho, toda atividade, toda casa, toda obra, todo relacionamento, todo ego tem que ser construído a partir de uma base luminosa firmemente estruturada e ancorada no chão - este é o segredo da permanência das coisas neste mundo; este é o sopro de Eternidade vibrando no meio da ilusão dos sentidos e da transitoriedade das coisas deste mundo!*

O chão, meus Amados! A terra! Os pés! O caminho! Os alicerces! A base!

Respondam: como está a base de vocês? Quais são os princípios que norteiam a sua existência? Ante a iminência da Segunda Vinda do Cristo, quais são os seus valores? Como é a base de sua relação com vocês mesmos, com os seus semelhantes, com a Vida - é firme, sólida, ou precisa de reforço?...

Eu gostaria que nós, juntos - mãe e filhos - olhássemos agora para esta Casinha Branca, sentindo que nos seus alicerces pulsa uma Radiante Chama Eterna, pois esta deverá ser sempre a base dos nossos encontros...

Esta Casinha Branca, já com alicerces radiantes, é uma forma-pensamento que eu escolhi e que gostaria de imprimir e ativar no corpo mental e sentimental de cada um de vocês, tornando-a uma construção mais real e tangível do que qualquer outra do mundo físico. À medida que falo sobre a Casinha Branca e vocês aceitam a realidade de sua existência, sua estrutura, suas paredes, portas, oficina e principalmente os alicerces estão sendo automaticamente construídos *dentro do seu próprio ser*, com as células vivas de sua consciência.

Filhos, propositadamente a Casinha está vazia, não tem nenhum móvel, pois cada pessoa é dona de sua própria Casa e tem o direito de mobiliá-la de acordo com a sua vontade e gosto pessoal, de modo a se sentir o mais confortável possível dentro dela. Qualquer um que dela queira tomar posse e se dispuser a transpor a soleira da porta verá, também, que os cômodos são pequenos e simples, e que existem escadas no interior da casa que dão acesso para a gruta subterrânea. E que, dentro da Casa, eu já *estou* à sua espera; *eu vim*! Não com o propósito de ser adorada ou idolatrada, mas como mãe, que pode aconselhar, cuidar, abençoar. E em nossas conversas fluirá a camaradagem espontânea que deve existir entre mãe e filhos.

Em tempos muito remotos, que a memória humana (já tão turva) não consegue alcançar, houve uma Idade de Ouro. Aqui mesmo, neste amado planeta, os Anjos e outros Seres Excelsos comunicavam-se livremente com os homens. E prístinos Espíritos, que nunca se encarnaram, dirigiam a vida espiritual e física da raça. Nessa época, multiplicavam-se, no plano físico, os Santuários, que tinham o poder da magnetizar permanentemente poderosas correntes cósmicas de Luz Virgem e Primitiva, Pura Graça, ativando o seu próprio Fogo Sagrado. Aqueles verdadeiros Templos de Luz eram reservatórios de alimento espiritual, de cura, de Vida para a raça humana. Infelizmente, na época da Lemúria e da primeira *Queda do Homem*, grande parte desses Santuários do plano físico foi destruída; a ação demolidora foi completada na Atlântida. Esses fabulosos Centros de Poder foram destruídos no plano físico, continuando a existir, apenas, no campo etérico mais sutil do planeta.

Diante de uma iminente Vinda do Cristo, é necessária uma preparação em todos os níveis, de baixo para cima, dos alicerces até a cúpula. É preciso, antes de mais nada, que os corpos sejam curados, para que poderosos Templos de Luz, tão poderosos quanto os do passado, sejam construídos para receber o Cristo - o Cristo Individual, o Cristo Coletivo, o Cristo Racial, o Cristo Planetário, o Cristo Cósmico. Pensando nisso é que lhes falo, agora, desta Casinha Branca.

Esta Casinha Branca é um campo de força individual, que pode se tornar tão poderoso quanto qualquer Templo da Idade de Ouro, porque a esfera de influência de cada indivíduo é mais importante do que normalmente se imagina. Por mais que não se perceba, o relacionamento humano é uma troca permanente; há pessoas que, só por viverem em contato com seres mais evoluídos, ganham um impulso evolutivo muito grande, além de serem constantemente presenteadas com irradiações curativas que compõem a aura daqueles irmãos.

Nesta Casinha Branca, que terá como guardiães um Anjo e um pequeno exército de Construtores de Formas, a porção negativa de sua personalidade será acalmada e amorosamente neutralizada, enquanto a porção positiva será intensificada. Muitas vezes, ao entrar aqui, seus corpos físicos poderão estar combalidos, suas almas às escuras, e suas mentes confusas. Porém, esta Casinha Branca é um Foco Radiante de Luz, Amor e Vida, e, por conta da ajuda que lhes será prestada pelos amigos guardiães, suas formas-pensamentos ganharão mais beleza e consistência, e atuarão, com mais eficácia, nos três mundos de manifestação: físico, emocional e mental. Nesta Casinha Branca, cada um poderá magnetizar poderosas correntes de Vida, e as disseminará como bênção e cura para si mesmo e para o mundo exterior. E ainda que seus lábios jamais se abram para revelar a existência desse pequeno Santuário, uma doce irradiação luminosa se escoará de seus corpos, impregnará a atmosfera ao seu redor e, certamente, produzirá um pequeno ponto de luz na atmosfera escura deste planeta.

Meu coração ufana-se de orgulho materno por todos aqueles que, utilizando esta Casinha Branca, puderem extrair e difundir o Fogo Sagrado, espalhando-O, abnegadamente, à sua volta, favorecendo até a própria humanidade. Uma coisa, amados, é trabalhar para os seus entes queridos; outra coisa é trabalhar impessoalmente pela grande massa humana. Esta atitude constitui uma esperança para este sombrio planeta, que os Seres de Luz estão empenhados em transformar na Estrela da Liberdade.

Esta nossa Casinha Branca será assim como um pequenino regato que se forma pela primeira dissolução da neve da montanha, e que, aos poucos, vai aumentando, até se transformar num rio caudaloso, formado pelo crescente derretimento do gelo glacial. O rio vai descer de sua nascente, cada vez mais rápido, e vai correr, seguir o curso natural, umedecendo o vale e fertilizando toda a planície que está ao seu redor... Em breve, muitas famílias estarão se alimentando da colheita abundante, que só foi possível pela irrigação necessária e silenciosa.

Esta nossa Casinha Branca se chama Belém, que significa "A Casa do Pão".

Esta nossa Casinha Branca é uma Estrela que cintila na noite, e é através dela que nós - sua mãe e seus Irmãos Mais Velhos -, através de vocês, trabalharemos no mundo da forma.

Esta nossa Casinha Branca será um novo Monte Betânia, palco de sua futura ascensão. Também aqui eu sustentarei, para cada um de vocês, o Plano Imaculado, que é tão perfeito e luminoso quanto o que eu sustentei, há dois mil anos atrás, para Joshua. À medida que evoluírem mais e mais, vocês entenderão perfeitamente que cada Filho de Deus é tão precioso quanto o outro, e que a conquista da Mestria é o verdadeiro e único objetivo de sua longa jornada através da matéria.

Esta Casinha Branca tem uma porta aparentemente muito estreita (lembra a Porta da Iniciação) mas ela é suficientemente larga para lhes dar passagem. Seus cômodos, como eu já disse, são pequenos e simples, mas eu lhes garanto que neles podem caber o Reino dos Céus. A gruta subterrânea, cujas paredes não foram polidas pela mão do homem, pode parecer rústica demais, mas ela contém os alicerces radiantes.

Esta Casinha Branca estará sempre acessível: é no seu corpo mental e sentimental que ela está sendo construída. Para distinguir o caminho que a ela conduz, basta se colocar em estado de prece. Para trilhar esse caminho, basta o anseio do coração. Para entrar na casa, nem precisa bater: a porta estará sempre aberta. Se quiserem se alimentar da Luz da minha Presença, se quiserem se envolver no meu Manto Protetor, me chamem, porque eu *já estou aqui*! Lembrem-se: eu estou desejosa de unir as minhas preces às suas, no Altar da Vida. Com isso, pode-se acrescentar à tênue chama de uma vela (que é o discípulo não ascensionado) o vigor de uma fogueira (que, como Ascensionada, EU SOU). Com isso, muito mais facilmente vocês poderão atingir o céu das nossas Esferas de Luz.

Eu gostaria, meu filho, minha filha, que, a partir de agora, esta seja a *nossa* casa, um dos locais fixos dos nossos encontros, e que ela se torne tão poderosa e curativa quanto qualquer outro Santuário que eu tenho espalhado pela superfície da Terra (*Lourdes, Fátima e Medjugorje*, por exemplo). Eu quero que, ao entrar neste nosso lar, cada um de meus filhos receba a quantidade de equilíbrio físico, emocional, mental e espiritual de que necessita para manter uma saúde perfeita, tornando-se um canal límpido para a manifestação do Cristo na Terra.

É muito possível que, depois destas Revelações, por algum tempo não se ouça falar mais das minhas aparições em lugares que, após a minha passagem, se tornarão públicos ou focos de peregrinação. Nesse período de aparente recolhimento, eu, então, estarei aparecendo apenas nesta Casinha Branca. No recesso deste lar, com a participação ativa de cada um de vocês, será intensificada a magnetização da torrente de Luz necessária para a Segunda Vinda do Cristo e para o estabelecimento dos alicerces radiantes da futura Era de Aquário.

Para que a Casinha Branca, como qualquer outro Templo, funcione de maneira desejada, é necessário que, primeiramente, seja consagrada. Pensem, por favor, nesta palavra: *consagrada. Consagrar* significa tornar santo, oferecer a Deus ou aos seus Mensageiros. Então, consagrar implica numa total dedicação de sua alma, mente e corpo físico ao Trabalho Santo, a Deus, à causa da Iluminação.

Permitam-me, agora, consagrar esta nossa Casa:

> Em nome da Vida e do Ascensionado Joshua, o Cristo, eu rogo ao Altíssimo Deus Pai-Mãe uma bênção especial para esta Casinha Branca que estou erigindo nos corpos mental e sentimental das minhas Crianças. Eu apelo para que sempre que alguma delas entrar nesta Casa, seja imediatamente curada: que seus olhos se tornem mais puros e não vejam mais as iniquidades do mundo da ilusão; que sua boca se torne doce como o mel e que suas palavras tenham o Poder da Luz; que seu corpo se torne um Templo Vivo, através do qual brilhem o Amor e a Luz; que o seu cérebro, aqui nesta Casa, se torne receptível apenas à Voz do seu Cristo Interno. Que a Graça assinale sua fronte e que a Grande Presença EU SOU os eleve em Paz!

Todos esses meus filhos que, a partir de agora, utilizarão a Casinha Branca são ainda Crianças Crísticas que trilham o caminho da matéria e da ilusão, mas como Meninos e Meninas que são, eles representam a Esperança de um Novo Tempo. Em Seu Nome Todo-Poderoso, Senhor-Senhora, eu abençoo os meus Filhos e o nosso Lar!

12
O CAMINHO

À ESPERA DOS NOSSOS PRÓXIMOS ENCONTROS pessoais em Casa, volto a minha atenção para o passado e retomo a narrativa da minha vida terrena.

Ah, os fatos permanecem em meu coração como se tivessem acontecido ainda ontem... E vivem também, eu sei, em muitos de vocês que, de alguma forma, participaram daquele espetáculo crístico de implantação da Era de Peixes e que testemunharam a aflição do Calvário e a Glória da Ressurreição. Em seus corpos *etéricos*, pulsa a Imagem do majestoso Ser que trilhou as ruas da Judeia, deixando um exemplo jamais igualado.

O capítulo anterior deste livro terminou com o anúncio de seu nascimento por parte do querido Arcanjo Gabriel: "Ave, Maria, cheia de Graça! O Senhor é convosco! Bendito é o fruto do vosso ventre..." Tendo pronunciado o nome de Joshua, que etimologicamente significa"Iaveh salva", meu Irmão Arcanjo recomendou-me silêncio a respeito da grandeza espiritual do Messias.

Neste ponto da narrativa, Joshua está nascendo. Os elementos da cena do *Natal* ficaram para sempre impressos na memória da Terra, ou seja, no *éter planetário*: a magnífica Estrela de Belém (que era, na verdade, uma *conjunção* dos planetas Júpiter, Saturno e Vênus); a pequena cidade de Belém (cujo nome significa "A Casa do Pão"); o estábulo que funcionava numa gruta (porque, como já expliquei, as casas daquela época tinham quase sempre uma construção como aquela); o parto natural e sem dor (porque a passagem de um Avatar nunca pode causar sofrimento à sua mãe); e, finalmente, o Cristo vivo, divinamente belo, radiosamente manifestado na carne.

Eu estava com 15 anos quando o segurei nos braços. A Mãe Divina, tomando posse do meu corpo, o amamentou. O Pai Celestial o abençoou:

- Este é meu Filho muito amado...

Do núcleo desta cena, a Paz se irradiou em todas as direções. As vozes do céu e da terra se uniram, louvando o Grandioso Avatar do Amor em hebraico, língua das Sagradas Escrituras palestinas:

- *Iaveh Shalom! Nasi Shalom! Shekinah Shalom! Shilhome Shalom!* (A Paz do Pai! A Paz do Filho! A Paz do Espírito Santo! A Paz Infinita, que está além de toda compreensão humana!)

Eu o ergui amorosamente nos braços, mostrando-o aos Reis Magos.

- Filhos do meu coração, adorem, sim, este Cristo que também pulsa em seus corações, porque Ele é a fonte e a razão de sua existência. Rendam-se a Ele, e continuem Lhe oferecendo o ouro, que representa o corpo físico e todos os anseios de ordem material; o incenso, que representa a natureza emocional, que há de arder e se transformar no Puríssimo Fogo do Amor; e a mirra, que é a mente purificada, reflexo da Mente do Altíssimo Criador.

*

Melquior, Baltasar e Gaspar. Os três Magos representavam as nações que, além da Palestina, sediavam a Fraternidade Essênia: Arábia, Pérsia e Índia, respectivamente. Apesar de terem sido identificados como reis, apenas Melquior e Gaspar pertenciam, de fato, à realeza de seus países; mas todos eles, mesmo sendo dirigentes de seus santuários e discípulos de 7° grau, eram chamados simplesmente de "Irmãos Servidores" dentro da hierarquia da Fraternidade.

Gaspar, que era budista e tinha como cognome "O Indostânico", era o cronista do grupo, e pode ser considerado o primeiro evangelista que registrou a vida do Messias da Era de Peixes, especialmente no período que vai desde o nascimento até o princípio de seu ministério, na Palestina. Os escritos de Gaspar começavam com a transcrição de todas as antigas profecias a respeito da encarnação do Avatar, provavam a realização das profecias e identificavam Joshua como o Messias anunciado; a partir daí, passavam a relatar o percurso do Cristo na terra, com dados, inclusive, sobre mim e José. Os discípulos de Gaspar providenciaram a tradução dos escritos para todas as línguas faladas na época, remetendo cópias para todas as Escolas de Sabedoria - budistas, essênias e outras - localizadas em várias partes do mundo, até as mais remotas ou inusitadas, como as do Tibet e do Nepal. Esses relatos, mais tarde, abriram as portas de todas as Escolas Iniciáticas da época para Joshua, durante as viagens que ele fez na companhia dos Monges Peregrinos.

Os Magos eram astrólogos e membros da mais conceituada Escola de Astrologia do mundo daquela época, a babilônica Sippar. Tanto no interior de suas cavernas quanto no círculo acadêmico, os três cientistas observaram a progressiva reunião dos planetas Júpiter, Saturno e Vênus na Constelação de Peixes, que estava no final de um velho e no princípio de um novo ciclo solar; além do mais, Peixes era tido como o signo da Palestina. O significado desse evento sideral era muito claro: Júpiter era o astro da realeza, Saturno o protetor da Terra Palestina, um deus planetário para os judeus, e Vênus ou Vésper (chamada pelos essênios de *A Iniciadora*) era, é e será sempre o planeta do Amor. Os secretos ensinamentos da Fraternidade diziam, textualmente, que a Nova Era iria começar sob o signo dessa tríplice conjunção planetária e com a encarnação de um Messias.

Seguindo a "Estrela" resultante da conjunção, os Magos vibravam de alegria e reverência. Foi muito natural que, chegando à Palestina, indagassem sobre o local da natividade. Só que os espiões de Herodes estavam por toda parte; tendo corno porta-voz o caldeu Rabsaces, os espiões comunicaram ao tirano o motivo da visita dos Reis Magos. O resto se sabe: José ouviu a Voz do Silêncio, fugimos para o Egito, enquanto um mar de sangue se formava às nossas costas. Durante a fuga, eu e José prometemos a nós mesmos que, um dia, haveríamos de ajudar pessoalmente cada uma daquelas crianças, cuja vida estava sendo sacrificada, a atingir sua Ascensão. E essa promessa está sendo cumprida! Em Nome do Ascensionado Joshua, em Nome do Deus Todo-Poderoso, todos esses mártires (dos quais muitos já ascensionaram) receberam e ainda estão recebendo uma ajuda ímpar no seu processo de crescimento espiritual.

Na fuga para a Terra de Ísis e Osíris, ficou perfeitamente demonstrada a força da Unidade Espiritual. Uma verdadeira rede de solidariedade se estendeu, desde a Palestina até o Egito. Nas localidades onde não havia as *bethsaids*, as secretas pousadas essênias, abençoadas famílias que reconhecidamente não tinham crianças e, portanto, não seriam abordadas pelos soldados de Herodes, nos abrigaram. Caminhávamos principalmente à noite, quando as cidades dormiam e a polícia herodiana ficava bem mais reduzida. Finalmente, ao término de inumeráveis esconderijos, embarcamos num navio para o Egito, providenciado pela Santa Fraternidade Silenciosa.

Passamos no Egito quase oito anos, a maioria dos quais vividos na cidade de Luxor. Durante todo o tempo em que permanecemos naquela abençoada terra estrangeira, recebemos permanente assistência dos Monges Peregrinos, destacados pela Fraternidade para nos auxiliar no que preciso fosse.

Posso dizer que o nosso querido José, na qualidade de pai terreno de Joshua, foi o seu primeiro instrutor, pois, através da educação dada em casa, ele preparou o caminho para o trabalho de João Batista. Desde antes do nascimento de Joshua, quando orávamos pelo bebê que ia nascer, José sempre me fortaleceu no exercício do Plano Imaculado. No Egito, mesmo sendo Joshua ainda tão pequenino, nós o acostumamos a ouvir as nossas exaltações ao Senhor da Vida mesmo nas mais circunstâncias mais corriqueiras. À medida que o Menino ia crescendo, nós três, juntos, uma pequena família unida, constituímos uma trindade de ação, entregando tudo nas Mãos do Senhor. Com isso, Joshua, desde pequenininho, conheceu Iaveh como *Abba* (o Pai) e não como o deus cruel e vingativo dos judeus.

Na infância, mesmo em se tratando de um Avatar encarnado, o Cristo Interno não consegue controlar suficientemente o veículo que o contém. E o mundo daquela época era muito mais trevoso do que é hoje: as tristezas da carne e da mente nos rodeavam permanentemente; havia lepra e muita miséria, muita fome, também no Egito; esses quadros deprimentes estavam diante de nós o tempo todo. Mas eu e José não podíamos permitir que essas imperfeições sequer fossem registradas na consciência de Joshua.

A vibração do nosso Menino era muito cristalina; seus veículos, instrumentos musicais de extrema sensibilidade e beleza. Por sua sensibilidade apuradíssima, Joshua tanto podia atrair a maior Luz Celestial como, também, atrair a atenção das trevas mais densas, e isto o impossibilitaria de conquistar a Vitória final. Então, diante de qualquer dissonância, discórdia, doença, eu e José nos apressávamos a negar terminantemente o mal, que é transitório e não passa de uma ilusão, e valorizar apenas o Bem. Dizíamos: "Isso não vai ser registrado na nossa memória nem nos nossos sentimentos. Ao contrário, diante desta aparência ilusória, nós vamos, agora mesmo, enaltecer o nosso Pai que está nos Céus e que é o Sumo Bem."

Joshua tinha um pouco mais de cinco anos quando teve uma grata surpresa: os dois Monges que nos visitaram na ocasião traziam consigo Zacarias e o filho dele, João Batista. Foi aquela a primeira vez em que Joshua e João Batista, os dois Grandes Mestres, se encontravam, naquela vida, em corpo físico. O fruto dessa visita de alguns dias foi precioso: o seu mestre, mesmo usando um corpo infantil, confirmou que ele era o esperado Messias, acrescentando alguns detalhes sobre o Plano, e enfatizando a necessidade de silenciar a respeito de todas aquelas coisas.

João Batista apenas confirmou o que Joshua, por sua própria consciência, já sabia. A consciência da responsabilidade que lhe pesava sobre os ombros trazia, consigo, o risco do pecado que apagou a Luz de antigas civilizações: a vaidade espiritual. O orgulho espiritual daqueles antigos sacerdotes, que eram versados na palavra da Lei mas que já tinham perdido o espírito da Lei, ajudou a destruir a Manifestação Crística em todas as suas formas externas.

Todo discípulo do Caminho Crístico se confronta, mais cedo ou mais tarde, com a tentação do orgulho espiritual, que é a mais sutil das imperfeições e a mais imperceptível fraqueza em que podem incorrer aqueles que já se encontram na Espiritualidade, percorrendo o caminho que se descortina acima da mentalidade humana. É um monstro cheio de ardis e dotado de muitos tentáculos invisíveis; a sua teia aprisiona os incautos e destrói tudo aquilo que eles elaboraram através das idades. Vencer esse monstro tem que se tornar uma meta para toda alma que almeja a Luz: é vital. Por isto, minhas Crianças, sejam bem vigilantes, porque esse adversário é muito ladino...

Eu, a Mãe, rogo ao Deus da Luz e da Vida conservar todos vocês, que estão recebendo mais conhecimentos da Lei, sempre e perfeitamente humildes na sabedoria! Que a sua humildade aumente à medida que forem trazendo para o mundo da forma os milagres e as infinitas manifestações da Luz, até que não haja mais fronteiras entre a personalidade e a Ascensionada Presença Crística. Até a Vitória final!

Eu auscultei Joshua e comprovei, embevecida, que nenhuma mácula resultante de orgulho espiritual se insinuara em seus pensamentos ou sentimentos. Ele crescia em Graça e em Espírito...

Joshua fora aceito no Templo da Ressurreição, que funcionava em Luxor, a mais de 400 milhas acima do Rio Nilo, e cujo Hierofante era Serapis Bey. Enquanto eu levava Joshua para o Santuário, ia-me lembrando da história relatada pelos Irmãos essênios: sua fundação se dera ainda nos tempos daquela antiga civilização chamada Atlântida...

13
O FOGO DE LUXOR

COM A DECADÊNCIA DA CIVILIZAÇÃO ATLÂNTIDA e a iminente submersão da última parte (ilha de Poseidon) do continente hoje perdido, o Hierofante da época chamou à sua presença o então sacerdote Serapis Bey, que ainda não era ascensionado mas que se devotava de corpo e alma ao serviço templário. Para começar, o Hierofante confirmou a iminência da catástrofe que riscaria a Atlântida do mapa-múndi; antes que isso acontecesse, ele, Hierofante, juntamente com outros Irmãos Libertos, retirar-se-ia do plano físico ou, pelo menos, do alcance normal dos sentidos humanos. Mas a Chama da Ascensão, que ardia no santuário, deveria permanecer viva, visível e tangível, no plano físico – pelo menos por mais algum tempo. Por isso, ela deveria ser levada para um outro continente, um outro local que não seria atingido pelo dilúvio e que tinha sido escolhido pela Hierarquia da Luz.

Então, confiou a Serapis a missão de máxima responsabilidade: transportar a Chama da Ascensão para a Terra de Cam (que um dia haveria de se chamar Egito), e em especial para a localidade de nome Luxor (*lux*: luz; or: ouro; literalmente, *Luz de Ouro* ou *Luz Dourada*). Chegando a essa terra estrangeira, Serapis deveria depositar o Fogo no chão, fazê-lo entranhar-se no chão daquele lugar como Fogo Espiritual; sustentá-lo de modo a formar um sólido e luminoso alicerce, e em torno desse foco, erguer um templo a que só terão acesso as almas que já se encontrem no final de sua peregrinação terrena; as almas que já estiverem livres da maior parte das ilusões materiais, que já possuam uma mente e as emoções previamente disciplinadas; e que estejam ansiando pela Liberdade definitiva - a Ascensão. O Hierofante revelou que a viagem seria marítima e deveria ter início daí a uma semana; da comitiva da Chama da Ascensão, liderada por Serapis, participariam os sacerdotes e as sacerdotisas indicados pela Fraternidade da Luz (o Hierarca mencionou o nome de cada um).

A história conta que a viagem foi atribulada; que o mar, já se preparando para cumprir um edito cármico de destruição, estava bastante agitado, e que os ventos, que também participariam da ação demolidora, fustigavam a embarcação; que Serapis e seus companheiros tiveram, muitas vezes, que alimentar o Fogo com o seu próprio hálito e protegê-lo com seus próprios corpos. Mas, afinal, os Companheiros chegaram ao Egito; justamente na hora do desembarque, sentiram um tremor de terra, o que os fez recordar a última advertência do Hierofante: “quando a terra tremer, saibam que Atlântida estará sendo engolida pelo mar.” Os Companheiros sentiram uma mescla de tristeza pela perda da pátria e de todos os seus entes queridos, e também de alegria, porque a Chama da Ascensão dava mostras inequívocas de estar bem viva e pulsante. Seguiram adiante, guiando-se pelo mapa e pelas instruções detalhadas fornecidas pelo Hierofante, e em Luxor fincaram a sua bandeira: a Imortalidade.

Por séculos a fio, a adorada Chama brilhara em Atlântida; as almas mais evoluídas aprenderam como magnetizá-la, como alojá-la em seus próprios corpos (no abdômen, região da bacia) e como expandi-la até que ela tragasse, na sua Imortalidade, cada átomo, cada célula e molécula do corpo. Com o desaparecimento de Atlântida, o Fogo continuava aceso; e ali estava, na Terra de Cam, a nova fonte de Luz para a humanidade...

A história também conta que Serapis, ao final de cada existência terrena, programava-se para se encarnar sempre no Egito e continuar servindo ao Fogo de sua devoção. Com muito empenho, ele se dedicou à sublime tarefa de submeter o ego ao Espírito, conquistando a Mestria. Em pouco tempo conseguiu seu objetivo: foi o primeiro homem, no Egito, a entrar no Fogo da Eternidade.

O esplendor do templo suplantava os mais ousados ideais de Beleza, Opulência e Perfeição que podiam ser concebidos pela limitada mente humana, e em seus alicerces crepitava o Fogo da Eternidade; nele se banharam belas almas. O Egito brilhou como um grande facho de luz na escuridão... Mas depois, corrompido pelas ilusões e poderes materiais, o país resvalou para as trevas, fazendo com que o templo desaparecesse do plano físico, eterizando-se. Na área física antes ocupada pelo magnífico templo, restou apenas um edifício simples, branco e quadrado, escondido por detrás de uma muralha alta e indevassável, onde viviam e trabalhavam alguns sacerdotes não ascensionados, eles próprios discípulos aspirantes à Ascensão. Somente as almas mais nobres e capacitadas para o último discipulado poderiam contemplar o verdadeiro Templo e o Fogo da Imortalidade...

Os raríssimos seres admitidos em Luxor passavam por uma avaliação pessoal do Hierofante Serapis Bey, que se apresentava visível e tangível ao candidato. Mas antes desse encontro com o Mestre de Luxor, cada aspirante teria que ficar isolado, em jejum, durante algumas horas numa cela simples, provida apenas de um colchão de palha, um vasilhame contendo água, uma cadeira e uma esteira, no chão; nesse ambiente despojado, o candidato faria uma introspecção e o contato com o seu próprio Cristo Interno.

*

Chegando ao retiro de Luxor, o Monge Peregrino que nos servia de guia puxou uma cordinha dissimulada na porta tosca da muralha, o que certamente fez soar uma sineta no interior, pois logo depois um Irmão abriu a porta. Recebeu-nos afetuosamente, cumprimentou Joshua de maneira especial e nos convidou a entrar.

O discipulado de Luxor era ainda mais árduo e rígido do que o que eu tivera no Monte Carmelo, porque preparava os iniciados, já altamente treinados no decorrer das encarnações anteriores, para a ressurreição. No último estágio desse curso (que Joshua só iria fazer quando já adulto, antes de começar o seu ministério público), o discípulo deveria demonstrar, perante os Mestres e o Hierofante, que conseguia abandonar os sentidos de contato com o mundo externo e suspender a respiração, de modo que, para todos os propósitos, o seu corpo estivesse, realmente, morto, e que, depois, conseguia reanimar o corpo, ressuscitando-o.

Nada mais se pode falar a respeito do discipulado de Luxor, até porque a grande massa da humanidade - que realmente emite e executa a sua própria sentença de morte - não acredita que a Ressurreição seja possível e autêntica; ela não crê que a Ressurreição não seja truque de faquir ou uma manifestação hipnótica.

A única coisa que posso dizer a respeito da estada em Luxor é o que eu sentia observando o cansaço e a aparência de Joshua durante o exaustivo discipulado que era ministrado individualmente e a portas fechadas, por dias e dias, meses e meses, anos e anos. Diariamente eu ficava no pátio externo daquele retiro, à sua espera. E quando ele saía, muitas vezes vinha encharcado de suor e com fundas olheiras em torno dos olhos. Quem conhece o Egito sabe perfeitamente como é intenso o calor ali, especialmente ao meio-dia, quando o sol se encontra em sua máxima plenitude. Como mãe humana, não era fácil ver a minha Criança assim, passando por disciplinas nas quais muitos homens e mulheres adultos tinham fracassado. Mas eu não podia interferir; tinha somente que apoiá-lo no que fosse possível.

Durante o discipulado em Luxor, dois Monges Peregrinos, certa feita, chegaram com a confirmação da notícia sobre a morte de Herodes. Mas o que eles contaram a seguir nos impediria, ainda por algum tempo, voltar à Palestina:

- O povo, ansioso, almejava intensamente e há muito tempo a morte de Herodes. Mas ele, no leito de morte, repartiu o poder entre os filhos sobreviventes: Arquelau tornou-se o herdeiro da realeza; Herodes Antipas e Felipe foram investidos como tetrarcas, soberanos da Galileia e Pereia e mais uma parte da Jordânia oriental e a região nordeste de Genesaré.

"Quando a população tomou conhecimento de que a estirpe do tirano ainda continuava no poder, o ódio, já muito fermentado pela revolta contra os romanos, explodiu de uma forma avassaladora. Em praticamente todas as cidades palestinas, houve clamor de indignidade, pedido de justiça e, ainda, muita dor pelos milhares que morreram nas mãos das milícias de Herodes - essas feridas ainda não estão cicatrizadas...

"Em Jerusalém foi organizado um comitê para ir à presença de César, em Roma, pedindo a anulação do último ato de Herodes e, paralelamente, a nomeação de novos governantes, estes indicados pelo povo. Mas Arquelau ficou sabendo disso e, em resposta, enviou tropas a Jerusalém. Ele chacinou, num único dia, três mil pessoas. Os átrios do Templo de Salomão ficaram repletos de cadáveres..."

Ainda não era hora de voltar...

A notícia seguinte foi a de um novo conflito sangrento: por ocasião da última festa sagrada, quando Jerusalém estava repleta de peregrinos oriundos de todas as partes do país, eclodiu um conflito na praça do templo. Foram apedrejadas as legiões romanas que, em retaliação, puseram fogo nas galerias e saquearam o templo. A rebelião espalhou-se. Na Judeia, os palácios foram saqueados e incendiados pelo povo. O governador da Síria, com o reforço de exércitos romanos e árabes, sufocou a revolta com prisões em massa e crucificação de dois mil homens.

Ainda não era hora de voltar...

Passaram-se meses. A primeira parte do discipulado de Joshua foi concluído com êxito. Então uma Voz do Silêncio nos determinou voltar à Palestina, mais especificamente para Nazaré.

14
DE VOLTA À PALESTINA

TROUXEMOS OS FILHOS DE JOSÉ - Marcos, Judas, Tiago e Ana - para morar conosco, ficando a família, assim, bem numerosa. Por outro lado, Joshua foi estudar no Santuário do Moabe, justamente a sede da Fraternidade Essênia, lá onde o Profeta Moisés desencarnou e Essen formou o coração da espiritualidade palestina. Para mim, vivendo naquela personalidade humana, isso representou uma prova importante: a Prova do Desapego. Diante do meu próprio Deus Interno, eu tive que demonstrar uma perfeita compreensão de que o meu filho, ainda tão criança, não me pertencia. Eu não poderia jamais prendê-lo em casa, mas, ao contrário, assegurar-lhe completa liberdade. Apesar de eu própria ter sido criada longe de meus pais terrenos, confesso que, em dado momento, cheguei a ouvir o apelo ilusório, ainda que débil, da maternidade humana. Mas fiquei extremamente feliz, e dei graças a Deus por isso!, quando calquei sob os pés, até com certa facilidade, a ilusão humana da separatividade.

Desde que voltamos do Egito (ele estava então com oito anos) e até a morte, Joshua passaria grande parte de seu tempo longe de casa. Só privávamos de sua luminosa presença física durante os intervalos (férias) permitidos por sua intensa atividade espiritual. Numa dessas poucas ocasiões - estava ele com doze anos - fomos a Jerusalém para cumprir o dever para com o Estado; foi então que ele ficou horas conversando com os doutores da Lei...

Tal como João Batista, Joshua, ainda pré-adolescente, foi investido na Fraternidade como *Mestre de Almas*, título esse que estava ainda além dos sete graus regulares e reservado exclusivamente aos raríssimos Seres Luz que, por algum motivo, estivessem encarnados. Essa cerimônia, me confidenciou em particular (embora sem descrevê-la), tinha sido realizada apenas na presença de três Irmãos, dentre os quais o *Irmão Servidor*, dirigente do Santuário. O título jamais poderia ser usado dentro da Fraternidade; a cerimônia valia como um selo vivente de Luz e a bênção dos Patriarcas essênios.

Por intermédio de um Irmão essênio que nos visitou quando passava por Nazaré, tomei conhecimento de que a senha *"Voz do Silêncio!"*, com que os essênios usualmente se identificavam entre si, fora substituída pela palavra *"Maranatha!"*, que significa "O Senhor está entre nós!" ou "O Senhor está conosco!", já se referindo à presença de Joshua no mundo na qualidade de Avatar da Nova Era. Na verdade, eram bem poucos os que estavam usando essa nova modalidade de saudação (expressamente autorizada pelos dirigentes dos Santuários), pois eram somente aqueles que sabiam (porque haviam identificado internamente) que o Cristo já estava manifestado na carne. Os Mestres essênios, com o fito de protegê-lo durante a infância e juventude, julgavam por bem manter em segredo a verdadeira natureza espiritual de Joshua.

Em suas breves estadas em casa, o meu filho, já um belíssimo adolescente, nos contava suas observações e experiências colhidas nas viagens que fazia, acompanhando os Magos Peregrinos; a família, reunida ao seu redor, deliciava-se...

Dos dezesseis aos dezenove anos, Joshua ficou em retiro no Santuário do Monte Tabor, vizinho de Nazaré e justamente o local onde haveria de se transfigurar muitos anos depois. Durante esses três anos, nos quais vinha para casa com regularidade, recebeu a visita dos Anciãos e dos discípulos mais graduados das Escolas de Sabedoria de vários países, que vieram exclusivamente para conhecer, em pessoa, "o Avatar encarnado" – nessas peregrinações ficaram representadas as cidades de Alexandria, Antióquia, Damasco, Tiro, Ribla, Cades, Lhassa (no distante Tibet), e Benares (Índia).

Ao término do retiro, Joshua tomou conhecimento de que, desde que os Reis Magos o visitaram em Belém, vinham remetendo anualmente à Fraternidade Essênia um certo montante em moedas de ouro "para custear a educação do Messias e quaisquer outras despesas adicionais". Além do mais, os Magos tinham solicitado aos dirigentes do santuário que fossem regularmente informados sobre tudo o que dizia respeito ao seu protegido.

O compromisso vinha sendo cumprido à risca: os Monges lhe entregaram, junto com o ouro, as cópias das cartas remetidas a Melchior, Gaspar e Baltasar durante aqueles 19 anos. Dessa pequena fortuna, meu filho tirou uma ínfima quantia para reparar a oficina de José, e o restante entregou aos Monges Peregrinos, para as obras de caridade. E profundamente grato, desejou conhecer pessoalmente seus benfeitores.

A reunião foi realizada em Alexandria, no Egito, e contou também com a participação de um grande filósofo: Fílon de Alexandria, que se tornou uma pessoa muita querida para o Mestre. O encontro terminou com um comentário de Gaspar a respeito do Mestre: "Eis a Sabedoria das idades, eis o Filho de Deus!"... Quando Baltasar voltou para casa, na Pérsia, Joshua o acompanhou, e naquele país-irmão acabou tornando-se o protagonista de um episódio que ilustra bem o poder da Fé:

Perto de Persépolis havia uma fonte que, segundo acreditava o povo, era abençoada por Deus em certos dias do ano; quem ali se banhasse naqueles dias era curado. Com isso, muito antes daqueles Dias Santos, formavam-se extensas caravanas de enfermos, que vinham dos quatro pontos do país até Persépolis.

Joshua visitou a fonte um dia antes da bênção do Senhor. No local, já estava concentrada uma multidão devidamente organizada que, dessa forma, garantia o seu lugar para o banho do dia seguinte. O Mestre, então, discursou sobre o poder da fé.

- A cura divina - disse ele - não está sujeita nem a dias previamente marcados, nem a essa fonte que, para muitos, fica tão distante de casa. As águas são, de fato, curativas porque estão imantadas com a Luz de belas almas luminosas que passaram por aqui, mas também porque vocês querem recebê-la, estão abertos para isso, aceitaram a cura em seus corações e creem.... A bênção de Deus não tem hora marcada para começar nem para terminar; em cada minuto do dia as bênçãos divinas jorram, abundantes, sobre o mundo inteiro. Para recebê-las, só é preciso ter fé em Deus e em si mesmo. Peçam e lhes será dado. Quem tiver fé em Deus e em si mesmo entre agora nesta água e ficará curado!

Nos olhos dos presentes, como pequenina estrela, brilhou um leve lampejo de fé. Mas foi um mero lampejo; aquelas almas imaturas detiveram-se a avaliar a fé, que, por sinal, era pouca. Até que algumas pessoas, finalmente, se levantaram, caminharam decididamente em direção à fonte, mergulharam e saíram curadas. Todos, então, correram para a água ansiosamente, acreditando que a benção do Senhor chegara mais cedo naquele ano, portanto, a cura também poderia acabar mais cedo.

Apenas uma menina aleijada não se moveu. Com fisionomia calma, ficou observando a ansiedade com que os peregrinos se banhavam. Joshua acercou-se dela, perguntando por que não fora se banhar. A resposta revelou a luminosidade daquela alma:

- Eu acreditei mesmo que as bênçãos de Deus se derramam a cada minuto do dia. Eles correram para a água temendo que a fé em Deus ou neles mesmos logo desapareça. Mas para mim, a fonte, daqui por diante, continuará sendo curativa, porque eu quero que ela seja. Não preciso me apressar. No momento em que eu mergulhar em suas águas, ficarei curada."

Joshua, então, impressionado com a maturidade espiritual da menina, testemunhou publicamente a seu respeito: "Aqui está uma grande alma, que veio à terra ensinar o poder da fé." E voltando-se para a criança, disse-lhe que, para ser curada, bastava que ela, com fé, respirasse profundamente, porque, assim como a água, também o ar que se respira está cheio de bênçãos. E aconteceu conforme as suas palavras.

Falando à multidão, Joshua ensinou que a Fonte, que é Deus, é sempre Amor. E que a fé (o único milagre) é o poder que realiza o Amor, e cura todos os males.

15
DEUS EM MOVIMENTO

A MINHA VIDA, COMO MÃE DE FAMÍLIA NAZARENA, transcorria serena e doméstica. Eu costurava, cozinhava, lavava, preparava florais e medicamentos caseiros (que distribuía pelos amigos de Nazaré e eventuais peregrinos), tomava conta das crianças e da casa. Mas em toda tarefa que executava, havia sempre a consciência de que era a Energia de Deus que estava em movimento. Era o Amor de Deus que cozinhava os alimentos; era a Compaixão de Deus que lavava as panelas e limpava a casa inteira; era a Pureza de Deus que costurava as nossas roupas; era a Sabedoria de Deus que brilhava nas lamparinas de azeite; era a Alegria de Deus que nos acordava de manhã; e era a Paz de Deus que nos recebia à noite, durante o sono. Quanto a Joshua, eu nunca passava sem me concentrar na sua Perfeição e na sua Luz. Era este o Plano Imaculado que eu sustentava permanentemente.

Inventei uma brincadeira para as crianças: sempre que alguma delas se machucava, ou pegava um resfriadinho ou uma daquelas doencinhas infantis, a família inteira gritava alegremente, em coro: "Isto não é nada, e por isso vai desaparecer. A Saúde de Deus está em mim!" E, naturalmente, os machucadinhos, os resfriadinhos e as doencinhas desapareciam como por encanto, e as crianças cresciam saudáveis e felizes.

Alguém poderia se perguntar se eu era feliz, levando aquela vida tão doméstica, de tanto trabalho, e aparentemente tão monótona. Eu lhes respondo com toda sinceridade: eu fui, sim, plenamente feliz porque eu vivia em permanente Estado de Graça. E quando isso acontece com uma pessoa, todos os palácios e as paisagens paradisíacas do Reino dos Céus cabem no ambiente onde ela estiver, por mais exíguo que seja - numa cela de poucos côvados, provida apenas dos móveis indispensáveis (como a que eu tivera no Carmelo) ou, então, na sua casa, na rua, no trabalho.

Durante essa etapa da minha vida, o único lugar que eu visitava com frequência era Betânia, onde moravam os amigos essênios Marta, Maria e Lázaro. Lá, eu sempre subia a um monte para rezar.

A primeira vez que vi o Monte Betânia, senti uma emoção indescritível, embora ainda não soubesse que ali Joshua faria a Ascensão. De qualquer forma, achei aquele local muito propício à oração. No caminho para o monte, descobri um velho moinho desativado, onde, em tempos passados, se fazia a moenda de trigo; atrás da construção, que estava em ruínas, corria um pequeno arroio. O lugar me pareceu tranquilo e acolhedor... Atendendo a um impulso, entrei no moinho e o vistoriei. As paredes e o assoalho estavam exatamente como a fachada externa: também em ruínas. De qualquer forma, deixei a mente divagar...

Ao chegar ao Monte, tomei uma pequena trilha relvada, em aclive, que conduzia ao topo, enquanto voltava a pensar no moinho: estava em ruínas, certamente, mas mesmo assim, era um lugar perfeito para um refúgio, se um dia eu precisasse disso...

À medida que eu ia subindo, minha atenção desviou-se do moinho, fixando-se naquele momento na paisagem (flora e fauna) e em algumas técnicas aprendidas no Monte Carmelo. Então, fui curando o solo, as plantas e os animaizinhos que ia encontrando. Cantei o Mais Sagrado Nome de Deus, sentindo que estava fazendo parte de um coro, pois à minha voz se juntavam as vozes dos meus Irmãos Arcanjos e sublimes Seres de Luz. Estando lá em cima, no topo, identifiquei primeiramente o local que corresponderia ao coração do Monte Betânia; ativei esse pequeno coração rochoso com um caudal energético proveniente do Coração do Sol; uni os dois corações, numa ligação que reconheci como indissolúvel... É tão importante ativar os corações! É através do sistema de corações unidos que a iluminação de uma humanidade pode acontecer...

Mentalmente tracei quatro grandes sulcos, ou trilhas, no chão, correspondentes aos quatro pontos cardeais. Depois preenchi essas trilhas com Luz Líquida, que jorrava permanentemente do Coração do Sol, formando quatro pequenas cachoeiras de Vida e Amor. Em certo momento, intuí que aquelas vertentes de Luz formavam verdadeiros túneis que atravessavam, incólumes, os planos físico, astral e mental, até desembocar na mais Alta Esfera Espiritual.

Nas viagens subsequentes que fiz a Betânia, fui acrescentando outros fios na teia de Luz, até que ela, diante da minha visão espiritual, me pareceu completa— olhando-a tão fulgurante, envolvendo todo o monte, eu me lembrei das malhas que teci no tear do Monte Carmelo... Mesmo que eu ainda não soubesse exatamente o que estava construindo, através de todas essas diferentes modalidades de oração o Monte Betânia começou a se transformar numa Chama da Ascensão, que favoreceria, a seu tempo, a Vitória do nosso Cristo...

A família cresceu: Marcos, o filho mais velho de José, casou com uma mocinha de Jericó. Contrariando o costume de a esposa vir morar no domicílio do marido, foi Marcos que se mudou, porque o sogro, comerciante de recursos, lhe transferiu grande parte da administração dos negócios. Dois anos depois, minha nora morreu de parto. Após o triste acontecimento, Marcos nos visitou; estava compreensivelmente muito abatido, e trazia nos braços um precioso embrulhinho: era Míriam, a filhinha recém-nascida, que passou a morar conosco e que um dia, por causa de sua voz cristalina, haveria de ser conhecida como "O Rouxinol da Galileia". Com vinte e poucos anos eu já era avó...

A vida foi seguindo seu curso normal: os outros filhos de José, Judas e Tiago, cada qual a seu tempo, se casaram, e também foi acertado o casamento de Ana, que já era uma bela mocinha de treze anos.

*

Um dia, José comentou comigo que não teria mais muito tempo de vida; a Voz do Silêncio já o preparava para o próximo desencarne. A esse comentário, acrescentou uma sugestão: a de me mudar para Betânia após o seu passamento.

- Lá existe aquele Monte que lhe infunde tanta força espiritual, e lá também estão os amigos fiéis que poderão auxiliá-la no que preciso for... Os meninos já estão encaminhados e têm a sua própria vida... Maria querida, pense nisso!

Então eu comecei a pensar...

Nos últimos meses de vida, José dedicou-se com redobrado esforço ao serviço da amada Fraternidade Silenciosa e, ao final, expirou em profunda paz. Na hora do desenlace, apenas eu e Joshua estávamos em casa e, assim, pudemos ouvir suas últimas palavras:

- Agora que estou deixando a vida física, consigo ver a Presença do Cristo em Joshua, em toda a Sua plenitude; a Luz e o Amor que d'Ela se irradiam é uma visão gloriosa. Estou em paz... E creio que cumpri a minha tarefa, e que o repouso, além de necessário, é uma bênção... Dou graças ao Senhor por esta hora tão feliz!

"E em Nome de Deus, prometo à vida ajudar toda pessoa que me invoque na hora da morte a deixar o plano físico na mesma felicidade que estou sentindo agora, no mesmo controle de suas faculdades e com a mesma confiança na Vida Eterna! Eu sei que, no futuro, vou ajudar muita gente a se transportar conscientemente de um lado para o outro em paz e alegria, e deixando a mesma paz e a mesma alegria na sua família...Eu sei disso..."

Com um leve sorriso nos lábios, José voltou-se para o Cristo plenamente manifesto em Joshua. Inspirou fundo Sua Luz Radiante, alimentando-se d'Ela e... depois expirou, fechando os olhos.

À medida que os outros membros da família foram retornando a casa e encontrando José dormindo tão placidamente, a atmosfera continuou harmoniosa. Certamente José já estava cumprindo a promessa... Esse passamento tão sereno foi bem diferente do que se via na Palestina da época, em que a morte era considerada uma grande "impureza" e as carpideiras profissionais transformavam o ritual fúnebre num triste espetáculo!

Após a morte de José, Joshua permaneceu em casa, garantindo o sustento da família. Pelos rígidos costumes da época, ele, como caçula, estava subordinado à autoridade do irmão mais velho, que representava o pai; na ausência de Marcos, que morava em Jericó, "o irmão mais velho" presente na família era Judas. Porém, na prática, a situação foi bem diversa, pois Joshua era um líder nato, além de ser um carpinteiro excepcional. Ele sempre sabia o que fazer e como fazer na hora certa; tinha carisma, ele É Amor — todas as pessoas e situações da sua vida cotidiana eram automaticamente equilibradas, ajustadas, nessa torrente irresistível de Amor que transbordava de sua pessoa, e, assim, tudo fluía à Perfeição. O jugo do Cordeiro é doce como o mel, e seus irmãos carnais se renderam ao caçula quase sem perceber...

Os irmãos de Joshua, sob a batuta do Mestre, tornaram-se exímios profissionais na arte da serra, da plaina e do formão. A oficina cresceu como nunca; a qualidade de seus produtos (móveis e utensílios) tornou-se conhecida muito além de Nazaré; a quantidade de encomendas multiplicava-se a cada dia; o sustento da família ficou sobejamente assegurado... e com isso, eu sabia, Joshua em breve retornaria aos retiros essênios e lá permaneceria até o início de seu ministério.

A possibilidade da mudança para Betânia, então, começou a germinar em meu íntimo. Mesmo ainda ignorando a importância que o Monte Betânia teria para o Messias e para o Cristianismo, o meu coração, dizendo que sim, apontava a direção da Judeia. A minha vida familiar também parecia contribuir para que isso, em breve, viesse a ocorrer: Joshua certamente logo retornaria para a vida monástica; os outros filhos estavam casados e tinham a sua própria família; Míriam, minha netinha, voltaria a morar com o pai, Marcos, que estava para contrair novas núpcias... De qualquer forma, qualquer decisão tem que ser tomada pelo Juiz Infalível: o Cristo Interno. Então eu orei e quase instantaneamente veio a resposta: o caminho, de fato, era Betânia, mas só me mudaria daí a três anos. Estranhei a informação: por que três anos?

Comentei o fato com Joshua. Ele me olhou de uma maneira particularmente penetrante quando falei a respeito de todo o enlevo espiritual que eu sentia quando estava lá no alto do Monte Betânia, e sorriu quando eu disse que, nas minhas preces, a Voz do Silêncio me confirmou que o meu futuro estaria em Betânia, sim, mas que a mudança não seria imediata: só aconteceria três anos mais tarde...

-Talvez - respondeu ele, enigmaticamente - nós dois, juntos, ainda tenhamos que fazer uma longa viagem... Quem sabe?

- As viagens cabem a você, meu filho... - respondi, sorrindo também. - Quanto a mim, tenho muito trabalho dentro de casa para fazer...

No dia seguinte, depois de uma viagem de muitos dias, bateu à nossa porta um Mensageiro do Santuário do Moabe, sede da Fraternidade Essênia na Palestina. Ele trazia uma mensagem vinda do Egito: o Santuário de Luxor, por orientação do Venerável Hierofante Serapis Bey, nos convocava, a mim e a Joshua, para um discipulado de três anos de duração, em regime de internato. Para Joshua, este estágio mais evoluído - da Ressurreição propriamente dita - seria a complementação do curso básico que ele já tinha feito durante a infância; quanto à minha presença, estava sendo requerida por causa da íntima ligação existente entre nós, mãe e filho, o que fazia necessário que também eu me submetesse a um discipulado e passasse por uma Iniciação, de modo que a minha consciência estivesse espiritualmente unida à dele no momento da prova principal de sua Missão Redentora. A mensagem acrescentava, ainda, que o meu comparecimento era indispensável, pois a mim tinha sido confiada uma grande responsabilidade pela Vitória do nosso *Meshiah* (Messias, em aramaico).

Três anos e uma longa viagem! O meu olhar se voltou imediatamente para Joshua e sorrimos, ambos. Dias depois, em companhia do Monge Mensageiro do Moabe, estávamos novamente a caminho do Egito...

Como já expliquei antes, nada se pode dizer a respeito do currículo e das provas ministradas em Luxor, a não ser que a prova final desse discipulado é a Ressurreição, ou seja, a consciente remoção do fluxo de vida do corpo e o retorno a ele, através da respiração controlada.

16
BETÂNIA

COMPLETADO O TEMPO PREVISTO, PASSAMOS por Nazaré e acabamos em Betânia..

Hospedados na casa de Lázaro, mostrei a Joshua o antigo moinho de trigo, há tantos anos abandonado, revelando-lhe o meu secreto desejo: morar ali mesmo; com uma boa reforma, haveria de se transformar numa casa grande e acolhedora. Joshua concordou imediatamente com o meu projeto, dizendo que providenciaria o que fosse necessário. A seguir, levei-o ao Monte Betânia. Tomando a trilha relvada que eu havia palmilhado tantas vezes, subimos ao topo. À medida que subíamos, percebi a expressão de meu filho: era de reverência e gratidão... Fitamo-nos em silêncio (a nossa comunicação sempre foi tão íntima e profunda que nem precisávamos falar). Nos seus olhos cor de mel, percebi nitidamente que ele estava vendo toda a Luz que ali já estava concentrada...

Ao retornarmos a Nazaré um mês depois, o moinho já estava disponível; fora feita uma limpeza geral, e um dos aposentos (que me serviria de quarto) até poderia ser considerado habitável; na verdade, as condições ainda eram bem precárias, mas mesmo assim eu queria me mudar logo. Foi o que eu disse a Joshua: meu lugar era ali, em Betânia, perto do Monte, e eu não queria mais esperar; a reforma iria sendo feita aos poucos, ao longo dos meses, dos anos - não havia pressa... Joshua acabou aceitando meus argumentos.

Toda a família, a começar por Joshua, colaborou na mudança. Com tanta ajuda, o trabalho ficou bem minimizado. Finalmente, eu estava estabelecida, e dentro de casa tudo funcionava a contento. Os filhos se foram, cada um voltando a seus compromissos (Joshua viajou para a índia, Tibet e Nepal), deixando-me entregue a uma vida muito serena.

O contato com os amigos Marta, Maria e Lázaro, além de outros irmãos essênios da cidade, fez-se ainda mais familiar e isto já foi o prenúncio da comunidade cristã, ou o primeiro monastério cristão, que, anos mais tarde, ali se formaria; o querido José de Arimateia me enviou, de Jerusalém, um pequeno rebanho de ovelhas, das quais eu poderia tirar a lã necessária para tecer. Ali em Betânia, o Plano Imaculado da Perfeição do Messias que eu sustentei permanentemente durante a vida inteira ganhou uma vitalidade extraordinária; também a presença dos Anjos e Arcanjos ao meu lado tornou-se quase tão vívida quanto nos primeiros anos da minha infância.

Ao voltar da Índia, Joshua passou alguns meses comigo, na nova residência. Aproveitou o tempo para trabalhar nas obras mais urgentes de que a casa necessitava, e também para conversarmos. Ele contou que tinha conhecido muitas cidades da Índia, dentre as quais Benares e Kapilavastu, torrão natal do Senhor Sidarta Gautama, o Buda. No Tibet, o ponto alto da viagem ocorreu em Lhassa, onde foi recebido pelo respeitado sábio Meng-Tse, com quem teve longas conversas a respeito da Nova Era; no principal mosteiro tibetano, teve oportunidade de ter nas mãos manuscritos antiquíssimos... Finalmente me disse que não tardaria a começar o seu ministério público. Então, pela primeira vez de muitas outras que se seguiriam, debatemos sobre a melhor forma de pôr a Era Cristã em andamento.

As visitas ao Monte da Ascensão eram diárias: numa delas, eu ouvi Joshua dizer com suavidade ao meu ouvido: "Sigam-me, e eu os farei pescadores de homens". A voz dele era tão audível, tão clara, que, instintivamente, me voltei para responder. Mas não havia ninguém... Concentrei-me no coração, na Presença do Deus Interno que é todo Onipresença, e me desdobrei espiritualmente.

Fui parar às margens do Mar da Galiléia, caminho de Cafarnaum, ao lado de Joshua, onde ele acabara de pronunciar áquela frase ("Sigam-me, e eu os farei pescadores de homens") para os irmãos Simão e André, seus dois primeiros apóstolos. Caminhamos todos pelo *yam* e, logo adiante, Joshua repetiu o mesmo chamado para outros dois irmãos que estavam ocupados em consertar a rede de pescaria: Tiago e João. Reunidos os apóstolos, Joshua os trouxe, na primeira oportunidade, a Betânia - foi aí que os conheci em corpo físico...

Estive presente fisicamente no seu primeiro milagre, o do casamento de Caná, e espiritualmente no batismo do Jordão. No primeiro milagre, ele simplesmente concentrou a atenção no Altíssimo Deus Vivente, seu e nosso Pai, e permitiu que as energias de seus próprios corpos internos transformassem a água em Luz Eletrônica. Inconscientemente os convidados identificaram a Luz Eletrônica (que assume a forma comandada pela mente) como sendo vinho, porque era isso que tinha faltado no casamento e era isso que eles estavam desejando.

Quanto ao batismo ministrado por João Batista, a minha visão do acontecimento abarcou os planos físico e espiritual. No físico, a área onde a cerimônia teve lugar ficava localizada ao sul de Jericó, nas chamadas "terras baixas do Jordão", exatamente no vau do rio; daquele lugar, se podia ver, a distância, a sombria silhueta do Forte Maquiros, onde João Batista seria decapitado. No plano espiritual, pude ver a presença de Irmãos Sublimes, dentre os quais os Patriarcas Moisés e Essen.

"Este é o meu Filho muito amado...", eu repetia, contemplando o Corpo de Glória de Joshua Ascensionado, e sustentando todos os dias o Plano Imaculado.

Depois do batismo, Joshua conheceu a imensa solidão do deserto e venceu as três tentações básicas do ego humano. Pescador de Almas, sua palavra se tornou ainda mais imantada de Amor, e abrasou centenas de corações; sua fama começou a se estender pela Galileia. Em Nazaré, porém, o povo, reunido na sinagoga local, o rejeitou com violência; isto aconteceu porque lhe deram para ler o Livro do Profeta Isaías, e o texto que saiu ao acaso parecia servir-lhe de apresentação: *"O Espírito do Senhor é sobre mim, pois que me ungiu para evangelizar os pobres, enviou para curar os quebrantados do coração; para apregoar liberdade aos cativos, e dar vistas aos cegos; para pôr em liberdade os oprimidos; e anunciar o ano aceitável do Senhor".*

Nessa ocasião, eu comprovei, mais uma vez, o quanto a Providência Divina é sábia e infalível, pois antes que nós mesmos saibamos do que haveremos de necessitar, já ela dispõe os acontecimentos à sua maneira perfeita: a minha saída de Nazaré e o estabelecimento em Betânia antes que Joshua fosse expulso de minha cidade natal comprovou-o terminantemente.

O texto de Isaías resumia, com precisão, o ministério do Rabi por toda a Palestina: a presença perene do Espírito de Deus n'ele (por isto, passou a ser reconhecido, cada vez mais, como o Messias prometido e o Cristo anunciado), a evangelização dos pobres, a cura dos enfermos, a liberdade dos cativos (todos os homens são cativos!) e a inauguração de um Novo tempo.

Diariamente chegavam notícias a seu respeito: onde estava, o que dissera, quem curara, os prodígios que realizara. Assim como outras cidades palestinas (Betfagé, por exemplo), Betânia estremecia de Amor pelo Messias. E quando ele chegava em companhia de seus discípulos, a aglomeração em torno dele era interminável.

Mas à noite, só à noite!, conseguíamos desfrutar de alguma privacidade, e conversávamos. Frequentemente iniciávamos as. nossas conversas regozijando-nos com a Presença de Deus, tão palpável em nosso meio. Depois, ele compartilhava comigo as experiências colhidas nos caminhos da Palestina, repetia as parábolas que contara para facilitar o entendimento daquele povo simples, comentava algumas instruções dadas em particular aos apóstolos (algumas das quais sobre cura) e se referia com vibrante Amor "ao seu rebanho": apóstolos e discípulos em geral, cujas almas lhe foram confiadas diretamente por Deus. Juntos, discutíamos os rumos do Cristianismo incipiente. Foi a partir dessas conversas privadas que comecei a escrever alguns relatos, todos tendo como centro a figura do Mestre, e como pano de fundo algumas passagens de sua vida, não como as narrariam mais tarde os Evangelistas, mas sim sob nossa ótica — minha e de Joshua.

À proporção que o tempo previsto para o ministério público de Joshua se aproximava do seu término, passamos a discutir a necessidade de ele ter que passar pela aparência da morte, o que não era uma perspectiva agradável nem para mim nem para ele mesmo. Apesar de mais tarde, em certo momento, ter pedido que "se possível, aquela taça de amargura lhe fosse tirada", ele achava que, dentro da Missão que voluntariamente escolhera, a morte na cruz era inevitável: no estágio evolutivo em que se encontrava a humanidade, somente presenciando a morte tão bárbara e a posterior Ressurreição do Filho de Deus, os homens seriam capazes de admitir a Imortalidade. Por outro lado, havia uma outra questão: como seria possível ressuscitar um corpo que tivesse sido tão intencional e barbaramente torturado? Com todo o discipulado de Luxor, não se podia garantir a Ressurreição nessas condições...

De Betânia eu acompanhei sempre, passo a passo, toda a trajetória do Avatar. Do período que vai do início do ministério público às margens do Mar da Galileia (com a convocação dos apóstolos) até a crucificação, houve dois acontecimentos que me sensibilizaram muito particularmente como pessoa, e um outro, de natureza espiritual, que me tocou tanto como alma quanto como mãe do Messias. Os dois primeiros acontecimentos a que me refiro foram: a ressurreição de Lázaro e a morte de João Batista; quando o seu Mestre foi decapitado, Joshua se refugiou em Cafarnaum, onde permaneceu vários dias, em recolhimento. E o acontecimento transcendente, que me trouxe profunda alegria e enlevo, foi a Transfiguração de Joshua no Monte Tabor: o preâmbulo da Vitória. Nessa altura, o antigo moinho se transformava num ponto de encontro cada vez mais efervescente para os Irmãos essênios e para os discípulos de Joshua de outras cidades da Palestina que passavam por Betânia. Algumas mulheres, dentre as quais Maria Madalena, passaram a residir ali. Na comunidade incipiente que haveria de se tornar o mais importante foco do Cristianismo, se estabeleceu uma certa rotina de trabalho.

A comunidade teria que ser autossuficiente, e havia muito a fazer. Assim, tanto os moradores quanto os hóspedes trabalhavam para o bem comum: nós plantávamos os nossos linhos, ervas medicinais, hortaliças e árvores frutíferas, trabalhávamos no jardim, pastoreávamos as ovelhas, tecíamos nossas roupas, costurávamos, cozinhávamos, reformávamos e ampliávamos a casa. Eu, com toda a minha bagagem essênia, era especialista em preparar os unguentos que, com a ajuda de Maria Madalena, aplicava nos pés dos viajantes cansados. Em geral, eles usavam apenas uma sandália de sola fina, ou então andavam totalmente descalços. As areias quentes e os caminhos pedregosos rachavam e feriam as solas dos seus pés, mas com os nossos unguentos curativos em poucos dias eles estavam totalmente recuperados.

O estudo comunitário era sempre à noite, após a ceia: transmitíamos as últimas notícias chegadas sobre Joshua, líamos embevecidos os primeiros rascunhos do Novo Testamento (há, inclusive, Escrituras perdidas, ditos "Evangelhos Apócrifos", que um dia virão ao conhecimento público), e juntos saboreávamos a doçura dos ensinamentos do Mestre.

Então, foi colocada, diante de nós, a taça da amargura...

Dias antes da Páscoa, chegou à comunidade um discípulo de Cafarnaum, que viera numa caravana para a vizinha Caná. Dirigindo-se a mim, disse:

- Segundo eu soube, justamente hoje o seu filho deverá estar saindo de Cafarnaum - pelo menos essa era a previsão quando eu parti. O Rabi virá a pé com seus discípulos, vai parar em Jericó para dormir, e também provavelmente aqui, em Betânia. Mas o seu destino é Jerusalém.

A notícia foi um abalo. Uma profunda angústia, cortante como uma lâmina, foi tomando conta do meu ser. O nome Cafarnaum me queimou como uma brasa. Pensei: foi no caminho de Nazaré para Cafarnaum que ele começou a vida pública ao encontrar os seus primeiros apóstolos, Simão e André, e foi de Cafarnaum que ele saiu para o mundo, acompanhado dos doze eleitos. Agora ele sai de Cafarnaum para Jerusalém... *Princípio e fim*, eu soube intuitivamente.

Senti a morte se aproximando do meu Menininho. Eu, como qualquer outra mãe humana, quis desesperadamente protegê-lo com minhas mãos, com meu corpo, quis aninhá-lo no meu colo, quis me oferecer à morte no lugar dele.

Pedi licença à comunidade ali reunida e saí de casa apressadamente. Pus-me a vagar pelo monte. Pela primeira vez não consegui enxergar a teia de Luz que envolvia Betânia e não me dei conta de que não estava sentindo a presença dos Anjos ao meu lado. E também não ouvi o Nome de Deus que, como um ultrassom, vibrava ali tão fortemente. Meus sentidos se encontravam impermeáveis ao Espírito porque a atenção estava inteiramente centrada na dor. E a dor era tanta que, paradoxalmente, provocava um torpor. A sensação de vazio era uma consequência da falta de nutrição espiritual — só a Luz supre e alimenta. Era o nadir da matéria. Assim é o fundo do abismo da miséria humana: solidão e vazio.

Eu não sabia que estava começando, para mim, a Noite da Alma (que é o mergulho na dor mais profunda, mais intensa), já anunciada por Lord Maitreya ao término do Teste das Três Horas, antes de me encarnar... Era a prova mais difícil da minha vida terrena, e dela dependia a ascensão do corpo que eu estava usando.

17
O LINHO E A TAÇA

A MINHA LONGA NOITE DA ALMA, que começou no momento em que eu soube que Joshua estava deixando Cafarnaum com destino a Jerusalém, só iria terminar aos pés da cruz. Lá, no Calvário, por causa da Divina Compreensão que se faria em mim naquela hora tão amarga, a ilusão se diluiria e a dor se extinguiria para sempre. Antes que Joshua expirasse no madeiro infame, eu já teria dado as costas para a cruz e, forte no Amor e na Compaixão, caminharia para a Manhã da Ressurreição. Mas, naquela hora, eu ainda não sabia que esse seria o desfecho da crucificação...

Crucificação! A palavra caiu como um raio. Começava a minha via-crúcis...

Busquei Joshua e o encontrei. Através de seus olhos, eu vi a sua amada Cafarnaum, o pequeno povoado de pescadores, situado numa enseada onde o Jordão deságua num lago. Vi as casinhas, aninhadas em verdes encostas, e no meio do lugarejo uma grande sinagoga que, com suas colunas e estátuas de leões e centauros, parecia completamente deslocada naquele ambiente tão simplório.

Os discípulos estavam reunidos, definindo com o Mestre os pontos principais do roteiro: montes de Samaria, especialmente o Garizim e o Ebal, passando por Betel e chegando à Jerusalém. Joshua autorizou a partida. Começou a jornada.

Acompanhei a viagem, passo a passo, durante todo o dia. Vi quando os samaritanos impediram a passagem do pequeno grupo que, então, enveredou por um vale onde medravam muitas árvores de rícino e alcaçuz, além de tamargueiras e álamos, e chegou a Jericó, para descansar e dormir. Uma das cidades mais antigas do mundo, Jericó perdera a sua feição: agora tinha um rosto grego-latino, com um palácio construído por Herodes, um teatro, um anfiteatro e um hipódromo. O Rabi, com seus discípulos, hospedou-se na casa do seu amigo Zaqueu. Dormiu tranqüilamente, enquanto eu, de pé ao seu lado, em espírito, velava por ele.

A jornada prosseguiu ao longo do dia seguinte, através de caminhos poeirentos e montanhas nuas e desoladas, a 1.200 m de altitude. Pela simbiose que estabelecera com Joshua, pude sentir o mesmo frio que ele sentiu...

Finalmente, chegou a Jerusalém, onde foi recebido em triunfo; as pessoas da cidade estenderam, à sua passagem, seus mantos e muitos ramos de árvores. E clamavam:

- Hosana ao Filho de Davi, bendito o que vem em Nome do Senhor! Hosana nas alturas!

o templo, repreendeu os arrogantes escribas e fariseus; no Monte das Oliveiras, fez para seus discípulos um sermão profético, anunciando o princípio das dores. A certa altura, previu a vinda do Filho do Homem: "E depois da aflição daqueles dias, o sol escurecerá, e a lua não dará a sua luz, e as estrelas cairão do céu, e as potências dos céus serão abaladas. Então aparecerá no céu o sinal do Filho do Homem..." Essas palavras seriam particularmente importantes para mim, na noite da sexta-feira, depois da crucificação. Sim, proféticas!

A comitiva deixou Jerusalém e se encaminhou para Betânia.

Finalmente, para alegria de todos os presentes, ele chegou com os discípulos, para um jantar em casa de Simão, o "leproso". À mesa, uma das mulheres presentes colocou-se atrás do Mestre, e reverentemente derramou-lhe um rico unguento sobre os cabelos. Aos que protestaram por causa do alto preço do produto que foi usado, Joshua explicou calmamente: "Esta fez o que podia; antecipou-se a ungir o meu corpo para a sepultura." Nossos olhares imediatamente se encontraram, e os meus estavam embaçados pela angústia. Chegando em casa, Joshua me abordou com suavidade:

- Lembra-se de todas as conversas que tivemos sobre Ressurreição e, principalmente, do que vivemos em Luxor?... É o meu caminho, mãe...

Pela primeira vez em mais de trinta anos, eu o vi não como um Mestre, como o Avatar da Nova Era, mas apenas como meu filho. Minha voz saiu embargada:

- Em Luxor, meu filho, existe o Fogo Vivo da Imortalidade; é uma Chama Radiante, a Chama de Ressurreição; lá não existe o sopro do mal, mas apenas o fogo vital da Pureza e do Amor. Lá, o Hierofante se chama Serapis Bey e já conquistou a Mestria. Lá, o iniciando, para demonstrar o total domínio que tem sobre o corpo, paralisa a respiração e as funções vitais do corpo, artificial e conscientemente, e para todos os efeitos, está morto. Mas no decorrer de todo o dia em que ele permanece morto, o seu corpo é velado por doze Mestres, cujo maior anseio é a Iluminação planetária e cuja maior alegria é ver que mais um Filho de Deus se libertou das garras do pecado e da morte, e se tornou Imortal. Para eles, a vitória de um discípulo do Templo de Luxor é a Vitória da Luz, e eles comemoram com intenso júbilo.

"Em Jerusalém é diferente. Lá, o Sumo Sacerdote chama-se José ben Caifás, cujo sogro é o corrupto Anás, presidente de fato do Sinédrio. Todo o Grande Conselho há muito tempo quer matar você; as acusações que quer lhe imputar são as de atentar contra a segurança e a ordem na província e, principalmente, de praticar crimes de lesa-majestade; a pena é capital, a sentença já foi dada. Eles querem matá-lo, meu filho, e da forma mais pavorosa! Lá em Jerusalém, a crueldade é tanta que a morte se dá na cruz, através do que os próprios romanos definem como o `crudelissimum teterrimumque supplicium' (`crudelíssimo e horribilíssimo suplício'). Lá, o templo é um matadouro de animais e de homens, está sempre submerso num mar de sangue, e não possui nenhum Mestre. Jerusalém é muito diferente de Luxor, Joshua."

À minha fala pungente, seguiu-se um grave silêncio. Afinal, Joshua suspirou e repetiu, vagarosamente mas com determinação:

- É o meu caminho, mãe...

No dia seguinte voltou a Jerusalém.

*

A Noite da Alma é o nadir da matéria; ela irrompe quando a alma mergulha em tal profundidade da dor humana que fica soterrada em seu suplício. Em consequência, o ser se fecha para o Espírito - não consegue distinguir a Luz, o Sol, os Seres Sublimes que nunca abandonam seus irmãos menores e nunca se afastam, e nem, tampouco, o próprio Nome de Deus que reverbera em toda a Criação. Antes da Ascensão, todos os seres regidos pela Lei Cármica vivenciam essa Noite, que parece infinita.

Mas quando brilha a Luz Dourada da Compreensão e a ilusão se desfaz...

*

A última Ceia foi realizada no salão superior da casa de Maria de Jerusalém, mãe do futuro evangelista Marcos. O pão foi feito por Marianne, irmã do apóstolo Felipe; o vinho foi providenciado pela esposa e pela filha de Felipe. Outras mulheres (tais como a mulher e a sogra de Pedro) ajudaram a preparar o lugar da Comunhão...
Terminada a Ceia, o Mestre e os discípulos se retiraram para o Getsêmani. Coube a nós, mulheres que os amavam, preparar a sala para devolvê-la ao proprietário.

Ao entrar, duas coisas me chamaram particularmente a atenção. A primeira delas foi a veste de linho de Joshua, pendurada numa cadeira. Tomei-a nas mãos, acariciei-a em silêncio. Aquela túnica, eu a tecera dias antes; era um modelo tipicamente essênio: simples e alva. Os Irmãos da Fraternidade a usavam durante os rituais, Joshua também a usara solenemente, para dar as últimas instruções aos discípulos. Eu soube que aquela veste seria usada ainda depois de sua morte, no primeiro dia de Ressurrecto... Num gesto instintivo, examinei a bainha, as costuras laterais. Eu diria que o meu trabalho de costureira tinha sido perfeito: os pontos eram tão minúsculos que quase não apareciam. Espontaneamente uma frase que eu ouvira tantas vezes durante a infância me assomou à mente: "Nem a lã nem o linho, e tampouco a seda, podem tecer a Veste Gloriosa do Filho de Deus, que não tem costuras nem bainha, e é feita de Eternidade"...

Depois, meu olhar pousou na taça usada na comunhão. "Cada um de nós, Filhos de Deus", refleti, "é uma Taça, um Cálice Sagrado, que contém a substância energética que vem da Única Fonte para o mundo da forma. O Rabi da Galileia, nosso Mestre, é o Cálice mais perfeito, translúcido, digno da Fonte que representa neste mundo." Com cuidado, envolvi a taça num guardanapo para entregá-la, mais tarde, a José de Arimateia.

Se eu já não soubesse o que o dia seguinte nos estava reservando, inevitavelmente eu o teria intuído ao contemplar o Linho e a Taça...

Prorrompi, então, na prece a mais pungente.

18
"IBIS IN CRUCEM!"

TRADUÇÃO DE UMA PEÇA DO PROCESSO de Joshua:

No ano dezenove de TIBÉRIO CÉSAR, Imperador Romano de todo o mundo, Monarca Invencível na Olimpíada cento e vinte e um, e na Elíada vinte e quatro da criação do mundo, segundo o número e cômputo dos Hebreus, quatro vezes mil cento e oitenta e sete, do progênio do Romano Império, no ano setenta e três, e na libertação do cativeiro da Babilônia, no ano mil duzentos e sete, sendo governador da Judéia. QUINTO SÉRGIO, sob o regimento e governador da cidade de Jerusalém, Presidente Cratíssimo, PÔNCIO PILATOS, regente da Baixa Galiléia, HERODES ANTIPAS ; pontífice do sumo sacerdote, CAIFÁS; magnos do Templo, ALIS ALMAEL, ROBAS ACASEL, FRANCHINO CENTAURO; cônsules romanos da cidade de Jerusalém, QUINTO CORNÉLIO SUBLIME e SIXTO RUSTO, no mês de março e dia XXV do ano presente - EU, PÔNCIO PILATOS, aqui Presidente do Império Romano, dentro do Palácio e argui residência, julgo, condeno e sentencio à morte, JOSHUA, chamado pela plebe CRISTO NAZARENO, e galileu de nação, homem sedicioso, contra a Lei Mosaica - contrário ao grande Imperador TIBÉRIO CÉSAR. Determino e ordeno por este que se lhe dê morte na cruz, sendo pregado com cravos como todos os réus, porque congregando e ajustando homens, ricos e pobres, não tem cessado de promover tumultos por toda a Judéia, dizendo-se filho de DEUS e Rei de ISRAEL, ameaçando com a ruína de Jerusalém e do sacro Templo, negando o tributo a César, tendo ainda o atrevimento de entrar com ramos e em triunfo, com grande parte da plebe, dentro da cidade de Jerusalém. Que seja ligado e açoitado, e que seja vestido de púrpura e coroado de alguns espinhos, com a própria cruz aos ombros para que sirva de exemplo a todos os malfeitores, e que, juntamente com ele, sejam conduzidos dois ladrões homicidas; saindo logo pela porta sagrada, hoje ANTONIANA, e que se conduza JOSHUA ao monte público da Justiça, chamado CALVÁRIO, onde, crucificado e morto ficará seu corpo na cruz, como espetáculo para todos os malfeitores, e que sobre a cruz se ponha, em diversas línguas, este título: IESUS NAZARENUS, REX IUDEORUM. Mando também que nenhuma pessoa de qualquer estado ou condição se atreva, temerariamente, a impedir a Justiça por mim mandada, administrada e executada com todo o rigor, segundo os Decretos e Leis Romanas, sob as penas de rebelião contra o Imperador Romano. Testemunhas da nossa sentença: Pelas doze tribos de Israel: RABAIM DANIEL, RABAIM JOAQUIM BANICAR, BANBASU, LARE PETUCULANI. Pelos fariseus: BULLIENIEL, SIMEÃO, BANOL, BABBINE, MANDOANI, BANCURFOSSI. Pelos hebreus: MATUMBERTO. Pelo Império Romano e pelo Presidente de Roma: LUCIO SEXTILO e AMACIO CHILICO.

RESUMO DA SENTENÇA:
"Ibis in crucem!": Subirás à cruz.

DEPOIMENTOS DE MARIA, A MÃE, SOBRE A MORTE E A RESSURREIÇÃO DO FILHO:

No Calvário, à espera de Joshua, que ainda cumpria a sua via-crúcis pelas ruas de Jerusalém:

"Nós só vivemos para escrever nos registros do *akasha* (corpo etérico da Terra) uma mensagem de esperança na Bondade de Deus, um exemplo de Vida e Luz do Grande Avatar do Amor, de modo que as gerações futuras pudessem ler e incorporar esse exemplo, tornando mais suaves seus corações e mais aguçados os seus espíritos."

No Calvário, observando a populaça que, sadicamente, se divertia ante o horrível suplício dos crucificados, e lembrando-se da ausência de vários apóstolos:

"Toda a nossa longa dedicação e vida - de que lhes terá servido? Que teremos nós realizado? Até agora tocamos apenas o coração de uns poucos, e mesmos esses estão hoje dispersos e vacilantes. Aqui, no Calvário, a Pureza, a Beleza e a Perfeição estão sendo aviltadas."

Em Betânia, na Manhã da Ressurreição, ao se encontrar pessoalmente com o filho ressurrecto:

"Se, em Nome do Cristo, apenas um único ser desta humanidade lograr a Vitória sobre a morte, realizando a Mestria para a qual foi criado, então tudo terá valido a pena."

Avaliando o percurso:

"Houve muito pouca compreensão para a mensagem que o Ascensionado Joshua trouxe, exceto no tocante a uns poucos que se beneficiaram com a proximidade de sua Presença. Parece-me também que houve pouca compreensão quando o meu poderoso filho foi colocado na cruz do Calvário. E pouca compreensão, ainda, para as suas palavras de sabedoria, sua vida em Graça e suas curas miraculosas."

Depondo acerca da felicidade, e revelando a promessa feita na manhã da Ressurreição:

"Sentindo uma felicidade indescritível, eu e o Mestre prometemos sustentar a Dispensação Cristã até o fim. Sustentá-la até que a Ressurreição deixe de ser considerada uma quimera, e se torne uma Realidade possível e uma Verdade absoluta, que, mesmo antes de ;e concretizar plenamente, tem o poder de dissolver os grilhões materiais e efêmeros da alma humana."

Acalmando Pedro, que se irritara ao extremo porque uns "pagãos" hindus, que tinham vindo ao antigo moinho para conhecer mais de perto a vida e a Ressurreição de Joshua, haviam desenhado um sol no muro da casa e o adoraram:

"Pedro, o sol é muito parecido com o nosso Mestre. À noite, ele parece descer para a tumba, mas pela manhã faz sua Ressurreição."

19
O ILUSÓRIO VALE DA MORTE

GÓLGOTA, LOCAL DAS CRUCIFICAÇÕES e cenário de pungentes recordações!...

O Gólgota ficava situado fora de Jerusalém porque, segundo o direito romano e judaico, não eram permitidas execuções públicas dentro dos muros da cidade cognominada "A Santa". Nas proximidades daquele monte pedregoso, podiam ser vistas, cavadas na rocha, as câmaras sepulcrais destinadas aos crucificados, que não podiam ser sepultados junto de suas famílias.

No trajeto para o Calvário, tomamos conhecimento, através dos informantes de José de Arimatéia, que o Sinédrio - já considerando resolvida a "questão" Joshua ben Pandira, o Rabi da Galileia, Rei dos Judeus - agora se reunia para decretar a prisão dos discípulos do Mestre. Do percurso para o Gólgota, dois elementos ficaram particularmente impressos na minha memória: o sol brilhando intensa e imperturbavelmente e as rajadas de areia fina, levantadas pelo vento forte, perfurando-me a pele. De alguma forma, esses elementos figuravam o simbolismo da cruz: a interpenetração dos planos espiritual e material.

Contida por cordões de isolamento, uma grande multidão, estimada em mais de mil pessoas, já aguardava a chegada dos condenados; ali se encontravam os familiares e amigos dos sentenciados, membros do Sinédrio e do clero, e a massa humana, que apreciava assistir a lenta agonia de seres humanos. Por entre a turba, já circulavam comentários a respeito da inscrição feita por Pilatos na tabuleta que seria fixada na cruz do Rabi: "IESUS NAZARENUS REX IUDEORUM" (em latim, aramaico e grego). Os sacerdotes enfurecidos protestavam contra tal absurdo ou, por causa disso, ridicularizavam o Mestre.

Acompanhados de legionários, chegaram os três condenados. Teve início o macabro ritual: oferecimento de uma bebida estupefaciante, o desnudamento, o cruel processo de encravamento, o levantar das cruzes e a afixação das tabuletas: Gistas — bandido; Dimas — bandido; Joshua Nazareno Rei dos Judeus. À medida que tudo isso ocorria, o povo prorrompia em risadas e gritos excitados. Estremeci ante o sadismo daqueles seres. Meus olhos fixaram-se no chão, fugindo ao tétrico espetáculo. As duas mulheres que estavam ao meu lado – Maria Madalena e Maria, mulher de Cleófas, irmão de José – me ampararam. E o atormentado olhar de João, o amado apóstolo, buscou o meu...

Na personalidade de Maria de Nazaré, mãe do Galileu, experimentei a Dor em sua maior profundidade. A Dor do Mundo! *Mater Dolorosa*, aspecto de Deus-Mãe que só existe no estágio mais denso e vil da matéria... Meu filho e Mestre, a encarnação do Amor de Deus cravado no madeiro infame, para morrer de modo tão terrível! O transe da aflição era tão intenso que eu sentia as fibras do meu coração prestes a se romperem... A Dor do Mundo é uma concentração de dores, é a quintessência do sofrimento.

Eu nunca soube, naquele corpo físico, o momento em que comecei a orar com fervor: "Ó Deus, ó Deus, meu Deus! Ajudai esse Vosso Filho amado, encarnação do Vosso Amor - ajudai-o nesta hora em que a morte, tão perto, parece sepultar todos os sonhos de Luz e de Paz para este mundo! E me ajudai também, Senhor Altíssimo, neste aparente mundo físico, quando estou usando a vestimenta da carne e participando do corpo mental e emocional desta Terra! Ajudai-me a manter o Plano Imaculado do Ressurgido, Ascendido e Vivente Cristo, ao qual consagrei toda a minha vida! Ajudai-me a proclamar a vitória da Vida sobre a doença, o pecado e a morte! Amém!" Eu nunca soube por quanto tempo eu passei orando e orando...

O vento aumentou sensivelmente, seus silvos pareciam querer abafar minhas preces, mas eu continuei rezando. A tempestade de areia recrudesceu; as partículas de poeira passaram a ser arremessadas com tanta força pelo vento que, se eu não estivesse tão concentrada, certamente sentiria dor por todo o corpo. Muito tempo depois, revendo a cena nos registros etéricos, é que constatei a confusão que se instaurou no local; muitas pessoas correram em direção à Porta de Efraim (a mais próxima), na tentativa de fugir à tempestade de areia, refugiando-se na cidade, em lugar seguro. Os que ali permaneceram se cobriram com seus mantos, da melhor forma possível. Eu continuava orando: "... sobre a doença, o pecado e a morte!"

Sobreveio uma aguda saudade de José, o companheiro de todas as horas: "Ah, José, se você pudesse estar comigo agora, me amparando com a sua força!... Eu preciso, companheiro querido, continuar sustentando o Plano Imaculado, esse ideal de Perfeição que sempre mantivemos para a nossa Criança..."

"A nossa Criança", repeti... Foi então que o sol se apagou (eclipse), provocando pânico no público. Uma voz se sobressaiu, reconhecendo que aquele era "verdadeiramente o Filho de Deus", mas foi silenciada por uns sacerdotes, que, mesmo no meio de toda a confusão, ainda continuavam disseminando o ódio e o escárnio. Eclipse do sol: a vida física do Avatar estava chegando ao fim...

Olhei para a cruz e estremeci: o corpo de Joshua estava inteiramente preto, da cabeça aos pés! Com a minha visão astral, consegui discernir o interior de sua carne: o próprio sangue estava enegrecido, parecia uma lama líquida! Os ossos também enegrecidos! E de cada orifício de seu corpo, dos próprios poros, escorria aquela substância viscosa e imunda que, ao ser expelida do corpo, ia clareando, clareando, até se transformar em Luz, e desaparecia. Mas imediatamente uma nova torrente daquela energia imunda se formava acima de sua cabeça, entrava-lhe pelo corpo e seguia o mesmo processo.

A princípio, não entendi o que estava acontecendo. Tive o impulso de olhar para o céu. E vi quatro gigantescos Anjos colocados nos quatro pontos cardeais, reunindo em suas mãos toda aquela lama preta e projetando-a em direção à cabeça de Joshua, para penetrar em seu corpo.

Nesta hora, ocorreu um fenômeno transcendental que fez com que a minha imensa dor, e toda a ilusão em que esta se baseava, se dissolvesse corno uma névoa fina exposta à esplêndida luz do sol: à minha visão interna, a primeira letra de cada uma daquelas palavras escritas em latim por Pilatos ("Iesus Nazarenus Rex Iudeorum") reluziu em cor dourada, compondo um anagrama. INRI - a Chave de Luz da crucificação! Por extenso, significa "Igni Natura Renovatur Integra"; "O Fogo Renova a Natureza Inteiramente". O Fogo é o Cristo...

Olhei o céu. O sol físico continuava encoberto, mas o Sol Espiritual brilha perenemente, de dia e de noite, em qualquer circunstância ou lugar. No Sol, eu vi a Presença do nosso Amado Deus Pai-Mãe Solar, que presidiu o meu nascimento físico; e muitos outros Irmãos da Luz —

Miguel, Gabriel, Rafael — cujas asas me envolveram e formaram um casulo de Luz à minha volta. Eu vi milhares de Seres gloriosos assistindo silenciosamente, reverentemente, aquele espetáculo tão dramático, inédito em todos os mundos! E por cima do corpo de Joshua, pregado à cruz, vi a luminosa e radiante Presença de seu Mestre, Lord Maitreya.

O véu do esquecimento se rasgou definitivamente diante de meus olhos. Lembrei-me do Teste das Três Horas, ocorrido nas altas esferas de Luz, e de toda a criteriosa preparação para a descida do Avatar da Era de Peixes. Pela primeira vez, naquele corpo humano, compreendi a infinita Misericórdia do nosso Rabi: antes de encarnar, Joshua se dispôs a resgatar, durante as horas da crucifixão, a primeira transgressão contra a Lei Universal do Amor cometida por esta humanidade. Então era isto o que estava circulando dentro de seu corpo! A lama que aparecia perante a minha visão espiritual significava toda a degradação astral e física que se acumulara durante a chamada *queda do homem*. E, por maior que fosse o sofrimento físico de uma crucificação, o sofrimento do meu Filho era ainda maior, era sobre-humano, porque em cada célula de seus corpos físico e astral penetrava essa força maligna, essa culpa imensa que jazia na alma humana. Ele descera aos infernos da alma humana, que é lama; sepultado num mar de lama, não poderia ver os Irmãos Ascensionados que ali estavam presentes, não poderia ver o Sol, nem Luz nenhuma, porque é assim o fundo do abismo da miséria humana: completa escuridão. Mas Ele - o Fogo, o Espírito, o Cristo, o Mestre, o Redentor, o Avatar, o Sol da nova Era de Peixes - estava regenerando a natureza inteira, toda a matéria. Num supremo ato de Amor, entrelaçava a Sua vida com a deste planeta, com a desta humanidade. Dias antes, proclamara a Vontade do Espírito do Amor, n'Ele encarnado: "É o meu caminho, mãe..."

Aquela era uma Hora Sagrada. Não havia lugar nem razão para a minha dor. Enquanto o Filho de Deus, em Nome do Pai, celebrava uma Divina Alquimia, eu, sua humilde assistente, deveria sustentar a Fé e a Esperança inabaláveis.

Fervorosamente, sustentei o Plano Imaculado. O Amor de Deus é Imortal! A Luz de Deus nunca falha! O Messias é plenamente vitorioso sobre o pecado, a doença e a morte! Mantendo minha mente ocupada com o Plano e o Modelo da Perfeição Crística, eu ia acrescentando toda e qualquer alegria vivida por Joshua durante toda a sua vida física, de modo a anular a aparência angustiante daquela hora. Eu afirmava a Perfeição e a Vida, enquanto a morte, mera ilusão, se achegava cada vez mais.

Na cruz, o olhar de Joshua fixou-se insistentemente no lugar onde me encontrava. Senti que ele queria a minha presença. Virando-me para João Zebedeu, ao meu lado, disse que queria falar com Joshua. João assentiu em silêncio e se encaminhou para o centurião, para pedir a devida autorização. Com o consentimento de Longino para uma última e breve entrevista, João me ofereceu o braço, no que foi imitado por Judas, filho de José. Apoiada por esses dois seres queridos, subi ao patíbulo e acerquei-me da cruz.

Com enorme dificuldade, mas com a voz carregada de Amor, o Mestre pronunciou o nome de João. E depois, lentamente: "João... esta é... a sua... mãe. Maria... este... é o... seu filho." Vagueou o olhar, já turvo pela agonia, por todas as pessoas que estavam presentes no Calvário e ainda além delas, retornando, depois, a mim; sussurrou, referindo-se a todos vocês: "Mãe... estes... são... seus... fi...lhos", e ainda: "Filhos... eis aqui...a... sua... Mãe!" No momento em que essas palavras foram proferidas, o Fogo do Amor em meu coração se expandiu. Numa fração de segundo renunciei definitivamente ao amor maternal exclusivo por Joshua e experimentei uma grande amplitude de Amor - o Amor por toda esta humanidade da Terra.

Por fim, para nos poupar a visão de sua morte, Joshua pediu que fôssemos embora.

Virei as costas para a cruz. E, pronta para deixar o Gólgota, relanceei o olhar por Jerusalém. "Ah, Jerusalém, cidade inconstante! Há apenas uma semana as hosanas ecoavam aqui, e três dias depois, Joshua, o seu Messias Redentor, estava sendo escolhido como protagonista de um drama que será lembrado através das idades, pela eternidade afora! Mesmo quando os templos já estiverem derrubados, e suas paredes, hoje tão luxuosas, já tiverem desmoronado, e quando as vozes que ainda há pouco clamaram por crucificação tiverem silenciado, o nome deste Grandioso Mártir do Amor e da Compaixão estará reverberando nas entranhas desta Terra!

"Os maldosos representaram bem o seu papel no palco da vida, quando se esforçaram para destruir a serenidade e o equilíbrio do Grande Iniciado. Mas, por outro lado, forças muito mais sutis e poderosas estão, agora mesmo, atuando para possibilitar a Vitória da Missão do Cristo neste mundo, que irá acontecer!"

Muito calma, em companhia de João, desci o Calvário. Em Jerusalém, apanharíamos as nossas montarias, seguindo imediatamente para Betânia. Revi mentalmente a teia de Luz com que eu já havia envolvido o Monte da Ressurreição, à força de muita prece e do louvor

a Deus; percorri as delicadas trilhas luminosas que eu havia aberto no solo, imperceptíveis ao olho humano, mas verdadeiras linhas de poder, um Poder Estupendo pois é o Poder de Deus... A Rede de Luz já havia sido criada, estava lá, perfeitamente delineada e ancorada no solo; agora, precisava ser ativada. Em prol da ressurreição de meu filho...
Recordando-me de que eu fora investida como Mãe desta humanidade, me corrigi, então: "Para a ressurreição de todos os meus filhos..."

Com a mente alargada pela onisciência, contemplei, com a velocidade do Pensamento Divino, cada um dos dez bilhões de habitantes (encarnados ou desencarnados) desta Terra, gravando em cada alma a minha primeira mensagem como Mãe desta humanidade:

- Filhos queridos, neste momento tão decisivo para a Terra, estou reconhecendo que cada um de vocês também está pregado nesta cruz do Gólgota. E que a crucificação nunca estará terminada enquanto cada homem, mulher ou criança deste mundo estiver em dor. Mas eu lhes prometo solenemente que, a partir de agora, eu sustentarei a Perfeição para cada um de vocês, assim como o fiz para o nosso Adorado durante toda esta vida terrena. Pela minha fé e pela minha firmeza de sustentar diariamente a Perfeição para esta humanidade, eu garanto que todos os meus filhos serão livres. Agradeço-lhes antecipadamente por acreditarem nesta promessa que estou fazendo agora.

"Respondam-me, queridos: vocês conseguem resistir a essa visão de esperança e à minha fé inabalável? Não, vocês não podem, vocês não conseguem. Porque ninguém pode convencer a uma mãe de que seus filhos não valem o seu sacrifício, ainda mais quando esta mãe, que EU SOU, conhece a Perfeição do seu Ser Real. Eu, sua Mãe Maria, permaneço, a partir de agora, diante de todo o Ser, de todo o Poder, de toda a Força, de toda a Virtude, Lei e Atividade do Universo, e recuso-me terminantemente a aceitar a possibilidade de que um só dos meus filhos sustente o mal indefinidamente. Toda crucificação termina sempre, sempre, na Ressurreição do Cristo!"

*

O sol voltara a brilhar. Estávamos em Jerusalém, prontos para partir para Betânia, quando, na hora sexta (três horas da tarde), ocorreu o primeiro tremor de terra. A razão era clara: o *sacrifício* fora consumado, e o planeta, aliviado de modo tão súbito de uma culpa tão pesada, perdia o equilíbrio. A crucificação - que deveria ser chamada mais apropriadamente de A Grande Iniciação ou A Grande Renúncia - ficara para trás; a simples idéia da morte deveria ser banida com firmeza. Nesse momento, começava a Ressurreição do Cristo.

Numa reação ao tremor de terra, muita gente, amedrontada, começou a sair de casa, e se concentrou, em alvoroço, nas ruas da cidade, sem saber o que fazer. Antes que a calma fosse restabelecida, houve o segundo abalo; muita gente foi arremessada do solo, derrubada, e então o medo se transformou em pânico. Mais gente, aos gritos, ganhou as ruas; soldados apareceram, tentando controlar a multidão, mas também eles estavam apavorados. A multidão desvairada movimentou-se como uma massa compacta, na direção das portas da cidade, tentando fugir; porém, as ruas de Jerusalém eram, na maior parte, estreitas e tortuosas, e a confusão cresceu. Os gritos tornaram-se estridentes.

Houve o terceiro e último abalo sísmico. O pavor atingiu o climax quando alguém, que viera correndo do Templo de Salomão, gritou que o "véu do Santo dos Santos foi rasgado de uma ponta a outra." O Santo dos Santos: o lugar mais sagrado do Templo de Jerusalém, a que só tinham acesso os Sumos Sacerdotes... O véu, ou a cortina, que isolava o coração do poder sacerdotal de Jerusalém, mantendo-o inacessível aos homens, se rasgara: o simbolismo era muito claro.

Abrigados na soleira de uma casa abandonada, tivemos que esperar que os ânimos se acalmassem. Finalmente, a rua em que nos encontrávamos ficou deserta. Com calma, ajaezamos as montarias para a viagem, e nos encaminhamos para a estrada que leva a Betânia.

20
GLÓRIA!

ESTÁVAMOS NA ESTRADA PARA BETÂNIA, às quatro horas da tarde, quando uma visão surgiu à minha frente. Vi o patíbulo; as cruzes dos outros dois supliciados, mortos, estavam sendo baixadas. O corpo do Mestre já havia sido desencravado e agora estava sendo levado, num branco lençol de linho, por José de Arimateia, Nicodemos e alguns ajudantes, para um sepultamento particular, longe da vala comum reservada aos sentenciados. Então, o querido José conseguira resgatar o corpo!... Era mesmo admirável a coragem de José e de Nicodemos que, pelo simples contato que estava tendo com um morto, seriam considerados "impuros" pela classe sacerdotal, e por isso, impedidos de participar da grande festividade judaica que era a Páscoa, além de se arriscarem a ser publicamente identificados como seguidores do Rabi, e, como tal, perseguidos.

Voltei o olhar para onde estivera a cruz do Mestre, e o que vi me fez estremecer: a alma dele, seu corpo astral, estava ali, caída no chão, totalmente enegrecida; era como se tivesse sido eletrocutada durante a grande queima cármica.

Neste momento, os Arcanjos Miguel e Rafael se materializaram ao lado da alma desfalecida. Em silêncio, eles se ajoelharam e ergueram nos braços o Grandioso Mártir do Amor. Vagarosa e silenciosamente, puseram-se a caminhar. Imediatamente, atrás dos dois Arcanjos, formou-se um imenso séqüito de Arcanjos e Elohim, e de um lado e do outro, até onde a minha vista podia alcançar, havia um público de milhões de outros seres gloriosos, deste e de outros mundos diferentes, que, em silêncio, assistiam a procissão do Senhor Morto.

Miguel e Rafael foram atravessando vários planos e níveis cada vez mais sutis de Consciência. No trajeto, suas figuras tornavam-se gradativamente mais etéreas, até se transformarem em meras silhuetas, que se movimentavam em meio a um refulgente Oceano de Luz. *Assim é a Respiração de Deus, e Nela estão contidos os universos que ainda estão por nascer*, pensei.

Afinal, chegaram ao seu destino: o Grande Centro, que misticamente é chamado de O Trono da Criação. Ali, aos pés de Deus-Pai, eles depositaram a alma desfalecida do meu Adorado e se retiraram.

Joshua recobrou a consciência e, ao descerrar os olhos, a primeira imagem que viu foi a do próprio Pai. Senhor de toda a Vida e de todas as formas, o Criador estava, naquele momento, manifestado numa forma com a qual costumava Se manifestar para o Filho Amado.

- Eis o que o Teu Amor, manifestado num filho encarnado, foi capaz de realizar – murmurou o Rabi, com um sorriso débil.

O Pai o aconchegou amorosamente ao peito, dizendo:

- Ah, Joshua, quanta alegria dás ao meu Coração! De agora em diante, o Meu alento será para todo o sempre o teu, a Minha pele a tua luz, e a Minha alegria, a tua.

Em seguida, ordenou que os Espíritos Virginais, que vivem diante do Trono da Criação, absorvessem a alma do Avatar no mais sublime estado do Não Ser (que é a forma mais íntima e intensa de Ser) e a balsamizassem até a Perfeição. O corpo anímico de Joshua desapareceu, então, no meio de um intenso fulgor. Verdadeiramente, a Divindade o absorveu dentro de Si Mesma.

Tudo voltou ao normal; eu já não via mais o Trono da Criação. À minha frente e ao meu redor, só havia uma estrada inusitadamente deserta. O vento ainda soprava, mas não com a intensidade anterior.

Olhei para João, que cavalgava em silêncio. Havia dor e tristeza em seu semblante; porém, o que mais se sobressaía era aquela sua expressão interrogativa, como se estivesse diante de um grande enigma que teria que decifrar. Certamente aquela era a maior prova de fé a que poderia ser submetido. O que ele estaria pensando? Será que a visão da morte do seu Mestre fizera a sua fé soçobrar?

João, João, continue mantendo a atenção n'Ele, no Cristo radiante que você contemplou no alto do Monte Tabor! Ele, o nosso venerado Rabi, mesmo tendo se defrontado com a morte, se recusa a concretizá-

la; ao contrário: justamente agora ele está se preparando para entrar no pleno uso de sua Vestimenta Imortal! João, filho querido, entenda: "Tudo tem o seu tempo determinado e há tempo para todo propósito debaixo do céu. Há tempo de nascer e tempo de morrer; tempo de plantar e tempo de arrancar o que se plantou; tempo de matar e tempo de curar; tempo de derrubar e tempo de edificar" - *assim diz a Escritura, e assim é, neste mundo de dualidade. A vida do seu Mestre, desde muito antes da concepção e daqui por diante e para sempre, está cumprindo rigorosa e cronologicamente um Plano de Iluminação planetária. Cada movimento dele, cada acontecimento de sua vida, tudo nele foi uma demonstração da Identidade crística, do Poder do Cristo, do Amor do Cristo, da Compaixão do Cristo – enfim, da Presença de Deus e da Unidade com o Pai. Tudo está previsto e tem o tempo certo de acontecer. O importante, agora, é dar as costas para a cruz com muita determinação; não podemos, em hipótese nenhuma, ficar carregando a imagem de Joshua morto, pregado para sempre no madeiro infame, porque a própria Divindade o absorveu em Si Mesma – eu vi! De fato, exatamente neste momento em que nós estamos indo para Betânia, ele está no próprio Trono da Criação, no Centro do Grande Centro. Quer dizer, o nosso Rabi já é vitorioso; o processo da Ressurreição e da Ascensão já começou, de acordo com o Plano. Cabe a nós partejar o Novo Nascimento. E para isso, temos que esquecer e sepultar até a simples ideia da morte; caso contrário, não teremos condições de gerar a Vida, nem de recebê-la condignamente.*

Tudo isso eu ia falando mentalmente para João, que continuava mudo e ausente. Em dado momento, para consolá-lo um pouco, cogitei a possibilidade de lhe revelar a visão que eu tivera. Porém, imediatamente eu senti como que um selo sendo colocado sobre meus lábios. A compreensão foi imediata: não poderia falar nada. Como Iniciado e discípulo probatório, João teria que vivenciar sozinho a sua prova de fé e se sagrar vitorioso por seus próprios meios. O mérito, consequentemente, seria só dele. Sim, a Lei é perfeita!

O vento frio, a estrada vazia, o caminho para Betânia... Mentalmente, eu projetei sobre o Monte de Betânia a Secreta Estrela de Amor que havia brilhado em Belém 33 anos antes. Na minha imaginação, eu a vi com nitidez: tinha 14 pontas e a cor branca predominava; mas a Estrela tinha uma miríade fabulosa de radiações, de reflexos, de nuances, de muitas cores diferentes. Era um Sol de grande magnitude, o Sinal do Novo Nascimento, só perceptível à minha visão. Mas no futuro, ao longo dos séculos que se seguiriam, muitos homens e mulheres de coração puro haveriam de enxergá-la a olho nu, em qualquer hora, lugar e circunstância...

Chegamos. O antigo moinho nunca me parecera tão seguro e acolhedor! Lugar ideal para uma divina gestação!... João me ajudou a descer da montaria, pronunciando as duas primeiras palavras de toda aquela viagem:

- Venha, mãe.

Depois me ofereceu o braço, e juntos entramos em casa. João se apressou a acender as lamparinas. Perguntei se ele queria comer alguma coisa.

- Não, mãe, obrigado. Vou ficar em jejum. Assim, a minha cabeça e o meu coração vão ter pelo menos alguma possibilidade de funcionar plenamente e em paz. Sem jejum, eu acho que não teria a clareza necessária.

E depois, como se estivesse falando consigo mesmo, acrescentou:

- Eu quero entender! Eu preciso ouvir a Voz do Silêncio, como dizem os essênios. A Voz do Silêncio...

Eu também precisava ouvir a Voz do Silêncio. Levei água fresca e frutas para o quarto, e fechei a porta. Troquei a roupa de viagem por uma caseira, mais confortável; mudei a sandália. Ajoelhei-me ao lado da cama e lá fiquei durante horas, me concentrando no Plano Imaculado da Perfeição de Joshua, o Cristo. O teste de Mãe do Messias que eu fiz antes de encarnar tinha durado três horas? Então, agora, eu iria passar em contemplação nove horas ininterruptas. Isso mesmo: 3 X 3. Ou até mais.

Comecei: vendo, sentindo, tocando, amando, abençoando, sustentando o corpo incorruptível, absolutamente saudável, cheio de Luz e de Vida do meu Menininho. Eu o amamentei novamente... Fortalecido pelo meu leite, ele assumiu a forma adulta e saudável, perfeita manifestação do Cristo, o Filho de Deus Perfeito!

Horas se passaram...

Por fim, o sono chegou. Não durou nem uma hora, mas foi o tempo suficiente para um sonho:

Eu me vi saindo de casa e subindo até o ponto mais alto do Monte Betânia. A noite continuava fechada: não havia lua nem estrelas no céu. Naquela escuridão, nem a própria aldeia, encravada ao pé do monte, era visível, pois nenhuma lamparina estava acesa àquela hora. Refleti: "A humanidade dorme profundamente. É um estado de catalepsia..."

Foi quando, no Monte Betânia, começaram a cintilar as trilhas de Luz que eu havia traçado com as minhas orações e contemplação da Divindade. Um mapa da Eternidade estava ali desenhado. Era a Esperança de um Novo Tempo... Mesmo no sonho, lembrei-me da pequena aranha, que tece uma teia como meio de transporte, para se movimentar de um lugar para outro. *Assim como a aranha usa a teia para se locomover –* pensei -, *assim também essa Rede de Luz há se auxiliar o meu Adorado no movimento de Ascensão.*

Um súbito impulso me fez erguer o olhar. Uma estrela cadente cruzou o céu, de uma ponta a outra. Sua passagem deixou gravada uma mensagem: "EU SOU o Caminho, a Ressurreição e a Vida." A afirmação mais usada pelo Mestre durante a vida terrena...

As letras, douradas, desapareceram, dando lugar à lua e às estrelas. A noite tornou-se deslumbrante. O céu, um manto aveludado, repleto de diamantes reluzentes, que faiscavam...

Fixei-me na lua gigantesca, gorda, grávida. Intuí que eu estava no limiar de uma Realidade Sublime, e que a lua era justamente a chave que iria abrir a porta da Nova Dimensão. Concentrei-me nela com firmeza, banhando-me em seu fulgor de prata.

Então, o inusitado aconteceu: a lua se desprendeu da abóbada celeste e, com ímpeto, se precipitou em minha direção. Olhei para as estrelas. Como que obedecendo a algum sinal cósmico inaudível, também elas balançaram furiosamente e deslizaram umas contra as outras, com risco de colisão. E a lua caindo, caindo velozmente, vindo justamente na minha direção...

É o fim!, pensei. O sistema solar está prestes a se desintegrar; tudo o que nele existe vai retornar ao Caos primordial, àquela "sopa" de partículas do início dos tempos!...

As últimas palavras ficaram reverberando em meu íntimo: *início dos tempos... início dos tempos... início dos tempos!...*

- É o princípio! – bradei alegremente, enquanto a lua me envolvia num mar de prata.

O meu grito vitorioso abalou os universos de minha psique e me despertou. Sentando-me na cama, raciocinei: "Esse sonho mostra muitas coisas: a lua se desprendendo da abóbada celeste e caindo significa passando vindo à tona. Não qualquer passado, mas o passado glorioso da nossa Origem. A lua é o passado de esplendor que emerge à superfície da consciência e que tem o poder de nos conduzir à Causa Primeira, à Fonte, ao Coração do Sol. As estrelas deslizando no céu, chocando-se umas contra as outras, anunciam uma Nova Ordem das Coisas, um Novo Mundo.

E então, só então, me recordei do sermão profético de Joshua, no Monte das Oliveiras: (...) a lua não dará a sua luz, e as estrelas cairão do céu, e as potências dos céus serão abaladas. Então aparecerá no céu o sinal do Filho do Homem"... Em meu caso, as palavras se aplicavam à minha gestação presente...

Levantei-me e fui até a janela. Um novo dia já estava nascendo, mas o sol ainda não havia despontado na linha do horizonte. Sol: o venerado Rei dos essênios, símbolo da Divindade. *Não importa, pois o Divino Infante nascerá no momento certo... Quanto a mim, estou em trabalhos de parto...*

Fiz as abluções matinais e, em jejum, retornei à minha vigília de Amor.

Outras horas transcorreram. Em certo momento, cheguei à janela. Lá fora, sentado numa pedra perto do regato e contemplando a paisagem, estava João...

*

Às nove horas da noite, eu me encontrava ajoelhada ao lado da cama quando a Visão se abriu: eu vi o Pai Celestial e o Filho novamente juntos. Ambos estavam gloriosos, vestindo roupas do maior esplendor.

O Filho perguntou ao Pai:

- Como é possível a um ser que foi mortal vislumbrar tanta beleza, meu Pai? Muito da Tua Beleza eu sentia dentro de mim, mas me surpreendes com tão grandiosa glória! Faz-me digno dela, Senhor!

O Pai respondeu:

- Não sou teu Senhor, meu Amado. Sou tu mesmo de agora em diante e por todo o sempre, pois superaste tua própria essência ilimitada e Me alcançaste em nível de Amor. Diz-Me: tens algo a pedir?

- Tenho, sim, meu Amor. É ela, a minha Eva, hoje Maria Madalena. Perdoa-a por todos os erros, e traze-a a mim, pois sem ela meu coração queima de solidão e de saudade. Desculpa-me por pedir isso, mas ela é a essência do meu ser, o sangue das minhas vidas e a alegria dos meus dias. Sem ela, Pai, toda a plenitude dos céus é incompleta. Traze-a a mim, Senhor, assim que for possível.

Deus Pai-Mãe amorosamente concedeu:

- Isso, e tudo o mais que pedires te será dado, querido Meu. Quanto aos teus irmãos da Terra, sei bem o que queres; portanto, não precisas mais pedir.

"Vai agora, e te coroarão Rei dos teus, e sabe que Eu também te coroo Rei dos Meus, por todo o sempre. E mesmo quando Eu reabsorver novamente todas as formas em Meu Coração, tua Coroa continuará pairando no sublime universo de Minhas Ideias, pois te superaste e te tornaste, verdadeiramente, um Deus."

Em seguida, convidou o Filho Muito Amado a comparecer às oitavas astrais da Terra para as homenagens da Grande Fraternidade Branca e a cerimônia da Ressurreição.

Joshua desceu, materializando-se no salão principal de um belíssimo Templo. O salão era um primor, com as paredes revestidas de rosas vermelhas; pareciam cercas vivas.E o altar, com seu púlpito, as cadeiras, as cortinas... tudo ali (hoje eu sei) era de material precipitado diretamente do Reservatório Universal da Vida, que também pode ser chamado de Espírito Santo...

Quando Joshua se tornou visível e tangível ali, naquele recinto, a festividade começou. Uma música sublime repercutiu naquele Santuário de Luz. O nosso Rabi foi aclamado, reverenciado, homenageado por todos os Seres Ascensos. Ao seu lado, se colocaram Ísis, a esposa de Serapis Bey, que segurava uma palma branca, cetro da Ascensão, e Sanat Kumara, o maior dignitário da Fraternidade Branca da Terra e de Vênus; este trazia nas mãos uma magnífica coroa de ouro cravejada de rubis. Solenemente, Ísis lhe entregou a palma, enquanto Sanat Kumara o coroou. Eu me lembrei das palavras do Criador:

> (...) te coroarão Rei dos teus, e sabe que Eu também te corôo Rei dos Meus, por todo o sempre. E mesmo quando Eu reabsorver novamente todas as formas no Meu Coração, tua Coroa ficará pairando no Sublime universo de Minhas Ideias, pois te superaste e te tornaste, verdadeiramente, um Deus.

Ancorada nas palavras do Pai, a minha alma literalmente elevou-se do plano físico e adentrou o grande salão. Ali, pessoalmente, eu vi, toquei, amei, abençoei, sustentei o corpo incorruptível, absolutamente saudável, cheio de Luz e Vida do meu amado Joshua que, sendo adulto, era também o meu Menininho que estava para nascer...

Sorri, feliz, ao ouvir os Anjos de todos os céus tocarem os seus instrumentos...

Terminadas as homenagens, eu retornei ao meu corpo físico, na terra, enquanto Joshua foi conduzido ao Templo de Luxor, onde faria a Ressurreição propriamente dita.

Algum tempo depois, Ísis, tomando-o pela mão, conduziu-o aos portais de Luxor. Posicionou Joshua diante de sete pedras luminosas, dispostas no chão, em fileira, Ele deveria se colocar sobre cada pedra daquela, fazendo um juramento. Depois, subiria sete degraus, atravessaria um átrio, onde existe o Lago dos Lírios e um pórtico com sete colunas. Só aí ele entraria na Câmara da Ressurreição, onde arde o Fogo da Imortalidade.

Joshua colocou-se sobre a primeira pedra e fez o primeiro juramento:

- Eu juro e confirmo o meu Amor pelo Pai.

Sobre a segunda pedra, disse:

- Eu juro e confirmo o meu Amor pela humanidade.

Na terceira:

- Sou Alegria pelo Poder do Pai.

Quarta:

- Sou casto pela Força do Amor.

Na quinta:

- Sou Luz pelo Poder do Cristo.

Na sexta pedra, Joshua se ajoelhou, dizendo:

- Estou a serviço.

E na sétima e última pedra, bradou com ímpeto:

- Imortalidade, rompe os grilhões!

Neste momento, mesmo antes de subir os sete degraus, uma belíssima coluna de Fogo Branco desceu dos céus à terra, em direção ao sepulcro, que já começava, então, a ser preparado como palco para a ressurreição física.

Joshua subiu os sete degraus, passou pelo Lago dos Lírios e pelas sete colunas e entrou na Câmara da Ressurreição. Ali já estavam presentes os maiores representantes das Legiões de Luz: Sanat Kumara, Buda, Melquisedeck, Maitreya, Serapis Bey e Ísis, para citar apenas alguns. Diante desses Irmãos, Joshua entrou no Fogo da Ressurreição, que é poderosíssimo, um verdadeiro vórtice de energia divina. Imerso no Fogo Branco da Imortalidade, o Corpo Crístico, de grande esplendor, absorveu a alma, transformando-a em pura Luz.

Quando Joshua saiu do Fogo, Ísis veio ao seu encontro e o abençoou. Ela se ajoelhou aos seus pés, fazendo o sinal da cruz em cada um deles:

- Eu te confirmo e conjuro em Nome da Luz. És o Novo Homem, Joshua.

E sobre o outro pé, a mesma bênção:

- Eu te confirmo e conjuro em Nome da Luz. És o Novo Homem, Joshua.

Depois, por aquela coluna de Fogo Branco, que continuava abarcando toda a área do sepulcro, Joshua desceu ao plano físico. Arcanjos representantes de todas as Legiões já estavam posicionados em toda a área: no horto que circundava o sepulcro, diante da pesada pedra que vedava a entrada, no recinto de forma cúbica que servia de vestíbulo, e na câmara mortuária propriamente dita. O corpo, coberto pelo mesmo lençol de linho branco que José de Arimatéia tinha usado para transportá-lo, estava depositado num banco de pedra, a cerca de um metro do chão. Materializando-se, o Messias se posicionou atrás da cabeça de seu corpo sem vida. Tocou-lhe a fronte, anunciando:

- Pelo Poder do Cristo e em Nome de Deus Todo-Poderoso, eu agora assumo este corpo.

Ato contínuo, curvou-se para depositar um beijo na fronte do cadáver, e depois, pressionando-lhe as têmporas, começou a respirar cadenciadamente. Inspirava e, nas expirações, pôs-se a irradiar poderosos fluidos dourados, que se espalharam, quais línguas de fogo, ao longo de toda a envergadura do corpo sem vida, da cabeça aos pés. Repetiu esse procedimento até que o corpo físico respondeu, contorcendo-se fortemente para o lado direito.

O segundo sinal visível da Ressurreição do corpo sem vida foi um filete de Fogo Branco que lhe saiu da boca. Então, Joshua orou:

- Pai, pela Tua Glória habito agora a morada terrena que me deste. Eu Te prometo nunca mais dela fazer mau uso, mas sim, fazer dela o Teu Santuário de Alegria, de Luz e de Amor. Penetra neste Templo comigo, Senhor!

Lentamente, a Imagem Gloriosa do Mestre foi se diluindo, enquanto mais e mais pontos de Luz começaram a brilhar naquele corpo antes sem vida. A Luz levou meia hora para se manifestar integralmente no corpo, pois átomo por átomo, da cabeça aos pés, foi sendo tragado pela Radiante Presença Crística no processo de divinização. Enfim, ele descerrou os olhos para a imortalidade, e se sentou. Olhou em torno rapidamente: as paredes do sepulcro, os Arcanjos destacados para acompanhar, no local, a Ressurreição. Viu, também, os membros da Grande Fraternidade de Luz, que, embora não estivessem presentes ali no sepulcro, acompanhavam todo o desenrolar do processo através de sua onipresença. A todos o Mestre saudou com um amplo sorriso.

Neste momento, eu me transportei ao interior da câmara mortuária.

Seu riso, ao me ver, foi de profunda alegria.

Eu o saudei:

- Ave, Filho da Luz! O Pai agora está em você, e vejo que cumprimos, depois de tantos séculos, a nossa Missão. Estou agora e sempre ao seu dispor.

Joshua murmurou:

- Mãe querida!

E mais nenhuma outra palavra proferimos, pois o Amor sabe se comunicar perfeitamente...

Falando em Amor, minha visão distendida captou a aproximação de Maria Madalena, a primeira pessoa que, por direito e por justiça, veria fisicamente o Messias ressuscitado...

Voltei ao corpo. A visão se diluiu completamente, mas pude discernir a voz melodiosa do Irmão Arcanjo Gabriel:

- Salve, Maria cheia de Graça! O Senhor é convosco agora e para sempre, e ainda sois a bendita entre as mulheres! Sou vosso servo, assim como qualquer Anjo, Querubim e Serafim. Salve, Rainha dos Anjos, porque vosso Filho é vitorioso!

O sono, então, me invadiu, e eu me preparei para dormir profundamente, como não havia feito nos três últimos dias.

Eram três horas da madrugada, a Vitória estava consumada, e uma Nova Eternidade estava começando...

Quase quatro horas depois, completamente refeita, fui despertada pela presença de Joshua Ressurrecto no quarto. Meu primeiro impulso foi me ajoelhar diante dele e beijar-lhe a fímbria do manto, mas ele me impediu. Tomou-me as mãos e me levou até a janela, com um convite para apreciar a beleza daquela Manhã de Ressurreição. Quando ele abriu a janela, pude ver as marcas dos cravos que lhe atravessaram as mãos.

- Por que essas marcas, meu filho, se elas representam uma imperfeição no seu corpo de glória?

- Elas são apenas um sinal de identificação. Alguns de meus próprios discípulos precisarão ver, ou mesmo tocar, as chagas para crerem na Ressurreição. Essas marcas, que desaparecerão antes que eu me eleve ao Pai, foram uma recomendação dos Mestres de Luxor.

Pus-me a observar sua túnica branca de linho, que eu havia tecido com tanto amor; reconheci os pontos que eu fizera com cuidado, o detalhe do decote, a largura das mangas. Era a mesma veste, sem dúvida, mas agora, por causa do corpo glorioso do Mestre Ressuscitado, apresentava-se luminosa e brilhante.

O Mestre me chamou a atenção para o que a natureza estava espelhando naquela Manhã de Ressurreição: o sol, esplêndido, espalhava Luz e Vida pela terra, que respondia com vigor e fertilidade; tudo florescera, até os lírios que eu havia plantado no jardim tinham desabrochado... Na verdade, eu não conseguia ver nada daquilo porque as lágrimas de felicidade me desciam abundantes pelas faces. Pensei: *Se, em Nome de Cristo, apenas um único ser desta humanidade lograr a Vitória sobre a morte, realizando a Mestria para a qual foi criado, então tudo terá valido a pena.*

Sorrindo, Joshua acrescentou:

- Diga a todos, mamãe, que eu ressuscitei. E que as coisas que eu fiz todos também as farão, porque todos têm um lugar reservado no Reino do nosso Pai. Transmita a Boa Nova a todos os que a quiserem ouvir...

Ah, queridos, quanta alegria sinto ao transmitir a Eterna Boa Nova: a Ressurreição é o destino de todos!

Preparando-se para ir embora e se encontrar com alguns apóstolos que ainda estavam muito abalados pela sua morte, ele me perguntou se eu desejava me reunir a ele no momento de sua Ascensão ou se queria permanecer encarnada durante mais algum tempo. Eu perguntei:

- Qual é a sua vontade?

- Ainda há muito a se fazer; os alicerces ainda precisam ser reforçados. A Dispensação Cristã necessita de um ser encarnado que trabalhe em perfeita sintonia comigo e com outros Irmãos Ascensos, e que garanta a pureza dessa Dispensação no mundo da forma.

Em seguida, perguntou-me se eu poderia ficar encarnada ainda por mais trinta anos.

- Trinta, sessenta, noventa, séculos, milhares de anos! Para garantir o êxito da nossa Missão, o meu exílio pode se estender indefinidamente, e mesmo assim me parecerá muito doce... Vivi esses trinta e três anos para ver a sua Vitória, filho. E viveria milênios para servi-lo no mundo da forma e para garantir a conclusão de sua Obra. Mestre, olhe para mim: eu sou uma serva do Senhor!

Sentindo uma felicidade indescritível, eu e o Mestre prometemos sustentar a Dispensação Cristã até o fim. Sustentá-la até que a Ressurreição deixe de ser considerada uma quimera, e se torne uma Realidade possível e uma Verdade absoluta, que, mesmo antes de se concretizar plenamente, tem o poder de dissolver os grilhões materiais e efêmeros da alma humana.

Joshua assegurou que a partir de sua Ascensão, durante trinta anos, ele apareceria a mim e a João para dar instruções que ainda não tinham sido escritas. E, despedindo-se de mim, foi ao encontro dos discípulos.

*

Quarenta dias foi o prazo que a Fraternidade dos Grandes Seres, numa concessão especialíssima, deu a Joshua para que, antes da Ascensão, pudesse ainda permanecer no plano físico trabalhando e instruindo seus discípulos, de modo a consolidar o estabelecimento do Cristianismo e da Nova Era de Peixes. O Egrégio Conselho também levou em conta a imaturidade espiritual dos próprios apóstolos, muitos dos quais eram como que os primeiros brotinhos de uma planta, muito frágeis, e que, por isso, ainda requeriam o cuidado especial do Jardineiro. Se tal concessão não tivesse sido feita, provavelmente muitos apóstolos e discípulos vacilariam em sua fé, e com isso, poderiam pôr em risco a Obra do Cristo.

Nesse intervalo de tempo, diariamente Joshua nos aparecia – visível e tangível. Além das instruções a respeito do discipulado de cada um e da expansão do Cristianismo, ele, com seu característico senso prático, encarregou os discípulos da execução de algumas obras no moinho. Deu a Pedro, por exemplo, a tarefa de reforçar o telhado da casa, que não se aguentaria por muito mais tempo – Pedro cortaria uma árvore, e ele próprio, o Mestre Ressuscitado, trataria de nivelá-la perfeitamente; a André e Tiago pediu que fosse construída uma vala para que, com a água do regato que corria atrás da casa, o jardim e a horta fossem irrigados.

Foi muito natural que, após a notícia da Ressurreição, que continuava se propagando para além das fronteiras do país, multidões se reunissem à nossa porta; levas de peregrinos oriundos da própria Palestina, e também de nações distantes, vinham tateando em busca da Presença do Mestre; eles se hospedavam nas poucas pousadas disponíveis em Betânia e em cidades circunvizinhas, nas casas de famílias cristãs e, até, em tendas que armavam nos montes da região.

O trabalho doméstico cresceu muito, mas também recebemos muitas doações; nessa ocasião, a esposa de Pilatos e discípula do nosso Mestre, Claudia Prócula, nos enviou um rebanho de cabras leiteiras, juntamente com uma carta pedindo permissão para nos visitar; José de Arimateia nos mandou ovelhas, além de um carregamento de gêneros alimentícios; um grupo de familiares e amigos de Judas Iscariotes nos enviou, de uma só vez, quarenta árvores frutíferas. Organizávamos aulas de Cristianismo, em que repetíamos, vezes sem conta, os ensinamentos do Mestre, as parábolas, as curas, as principais passagens de sua vida, as aparições depois da Ressurreição e a iminente Ascensão.

O prazo dos quarenta dias chegou ao fim. Na noite que antecedeu a Ascensão, antes que nos recolhêssemos para dormir, o Mestre nos avisou que no dia seguinte, ao amanhecer, subiria sozinho ao Monte Betânia; às nove horas, eu poderia ir ao seu encontro, levando especialmente Pedro e Tiago, e mais todos os que quisessem me acompanhar.

Tal como a manhã da Ressurreição, também a da Ascensão foi bela. Despertei quando o dia ainda estava nascendo, e logo me entreguei ao Plano Imaculado. Eu exultava de felicidade e de Graça, e nesse estado as horas se escoaram rapidamente. Às nove horas, pus-me a caminho, em companhia de Pedro e Tiago; às nossas costas, formou-se uma multidão, estimada em quinhentas pessoas.

No alto do monte, Joshua mais parecia um sol: translúcido, radiante, e mal podíamos fitá-lo. Quase todos se prostraram ao chão, adorando-o; muitos choravam. Sua voz soou perfeitamente audível para todos os presentes, mesmo para aqueles que ainda se encontravam no sopé do monte. Ele se identificou como aquele que foi crucificado e ressurgiu dos mortos, lembrou que a Ressurreição era o destino glorioso reservado a todo Filho de Deus, e por fim, anunciou sua Ascensão, dizendo que, embora fosse agora se assentar (simbolicamente) ao lado de Elias e de Melquisedeck no Reino dos Céus, ele permaneceria conosco: sempre que alguém consagrasse o pão como sua carne, e o vinho como o seu sangue, este verdadeiramente iria comer de sua carne e beber seu sangue (ou seja, nutrir-se de sua essência crística), numa Aliança indissolúvel.

Orou silenciosamente, invocando a Chama da Ascensão de Luxor. Comecei a distinguir uma fogueira branca inundando todo o seu corpo e o envolvendo. A Luz que irrompe, ainda mais clara e radiante, dentro da própria Luz... é o Fogo da Imortalidade, compreendi. A fogueira foi crescendo ao seu redor, tornando-se cada vez mais fulgurante. E a impressão que todos tiveram a seguir foi a da elevação de seu corpo; em dado momento, seus pés não mais tocavam o chão. E afinal, desapareceu. À minha visão interna, porém, a fogueira continuou existindo e, acima dela, pairando no ar, uma rosa rubi-dourada.

Depois da Ascensão ocorreu um fato que haveria de fortalecer a fé dos apóstolos e lhes indicar o caminho que cada um deveria trilhar para a difusão do Cristianismo no mundo: a descida do Espírito Santo, sob a forma de línguas de fogo. O Mestre já havia recomendado que celebrássemos Pentecostes em Jerusalém, de modo a evitar chamar a atenção das autoridades eclesiásticas e civis para a comunidade de Betânia.

Pusemo-nos a caminho; os integrantes de nossa comunidade, em número superior a uma centena, misturaram-se com as levas de peregrinos que acorriam a Jerusalém. Antes de entrarmos na cidade, detivemo-nos no Monte das Oliveiras e, ali, nos impregnamos com a Presença Radiante do Mestre. Passamos pelas portas de Jerusalém, já envoltos num Manto de Luz.

Pouco depois, os apóstolos ouviram o silvo de uma rajada de vento e, em seguida, sentiram o hálito de Fogo do Espírito Santo descendo sobre eles e investindo-os com o Poder do Verbo.

*

Filhos carinhosamente amados pelo Único Deus Eterno! Quão grata me sinto pela oportunidade de estar contando minuciosamente todo o desenrolar desses acontecimentos tão transcendentes e que tanto comoveram o coração dos Habitantes Celestiais!...

A todos vocês que, nesta hora de transição para a Era de Aquário, reviveram comigo, até aqui, a história da Era de Peixes eu dou o meu Amor. Sim, a todos: aqueles que, neste Eterno Agora, *estão* comigo na Palestina e com quem estou dividindo este Pão; aqueles que decididamente viraram as costas para a cruz, aceitando sem restrições, em suas mentes e corações, a lição da gloriosa manhã da Ressurreição; aqueles que estão subindo até o topo do Monte Betânia e presenciando a Vitória do Filho de Deus sobre todo pecado, toda doença e a própria morte.

Eu os recebo no meu Amor e lhes asseguro: o Cristo já voltou!

21
REUNINDO SANTOS

NO DECORRER DA ÚLTIMA CEIA, o Mestre derramou vinho no cálice que estava à sua frente e o consagrou:

- Este é o meu sangue...

No momento em que disse estas palavras, o vinho se transformou no próprio sangue do Avatar, e, como tal, tinha o poder de perdoar, de curar, de alimentar, de iluminar, de elevar...

Dele se poderia dizer:

- É o sol! A luz é imensa...

- É a vida!

- Força estupenda...

- Paz!

O vinho foi servido até a última gota.

E depois, a taça, vazia, voltou ao seu lugar na mesa. Mas por ter contido o Sangue do Mestre, ficou envolta por uma poderosa radiação luminosa. O próprio cálice havia se transformado, passara a ser sagrado: estava começando a história e a lenda do Santo Graal.

Graal. Essa palavra tanto pode indicar o cálice (*gradalis*, em latim) como o Sangue Real que a taça recebeu e cujo poder e santidade continua emanando.

Ao longo do tempo a história foi se misturando com muitas lendas: o Santo Graal, que no início do Cristianismo designava a taça usada na Última Ceia, também teria sido usada por José de Arimateia para recolher o sangue do Avatar, que jorrou da ferida no flanco provocada pela lança do centurião Longino, na crucificação... O Santo Graal seria ainda mais antigo: é o recipiente onde Deus-Mãe prepara o seu Alimento Imperecível: a própria Vida... E é também uma esmeralda que foi trazida à Terra pelos anjos, em épocas muito remotas... É a "pedra caída do céu" (*lápis ex coeli*), É o Livro da Vida, que contém certas Palavras de Poder ensinadas por Joshua a Arimateia...

Em momentos iluminados alguns homens buscaram, e acharam, o Santo Graal em seu próprio coração; outros, como os Cavaleiros do Rei Artur, saíram pelo mundo a procurar o cálice usado na Última Ceia...

De qualquer forma, existe a Taça Sagrada e houve uma certa viagem que fizemos após a ascensão do Mestre...

*

Tudo começou quando José de Arimateia foi chamado às Ilhas Britânicas para cuidar da administração dos seus negócios; sua presença, lá, tornara-se indispensável. Seria apenas uma viagem de negócios mas...

- Quando o meu mensageiro disse "Ilhas Britânicas" – disse Arimateia – eu senti algo se agitando dentro de mim. Não soube por quê: tantas vezes fiz essa viagem de ida e de volta... Mas ao me ver só, na solidão do meu quarto, experimentei uma intensa sensação de paz; eu diria que era a paz que precede alguma revelação. Não vi o Mestre, mas senti que ele estava presente. Foi quando me lembrei de que, há anos atrás, muito antes da crucificação, ele fez uma profecia, que na época me pareceu muito estranha: Ele disse que eu iria plantar nas Ilhas Britânicas, como se fosse uma videira, uma Taça Sagrada; que o vinho dessa videira-Taça, tão puro quanto o Sangue do Cordeiro, serviria de alimento para Cavaleiros de gerações futuras.

"Ora, ele falava muito por parábolas. Julguei, então, que a Taça Sagrada fosse, talvez, a sua doutrina... Mas ontem – porque isso aconteceu ontem à tarde – eu pensei na taça que foi usada por ele na Última Ceia. Recentemente é que ficamos sabendo, através do depoimento dos apóstolos, que ele consagrou o pão como sua carne, e o vinho como seu sangue, o Sangue do Cordeiro que se imola para resgatar a humanidade... O vinho estava na taça, a taça está aqui, em nosso poder, e eu estou sendo chamado às Ilhas Britânicas..."

Então José me convidou a acompanhá-lo às Ilhas Britânicas "para plantar a videira"...

*

Durante os quarenta dias em que o Mestre Ressurrecto permaneceu entre nós, conversamos sobre um tema recorrente: o que fazer para assegurar o êxito da implantação do Cristianismo no mundo: o que eu, especificamente, poderia e deveria fazer. O Mestre sugeriu que eu magnetizasse outros lugares da superfície terrestre, da mesma forma que eu fizera com Betânia. Depois, por causa do permanente estado de Graça em que me mantinha, a Presença Divina me revelou os lugares que deveriam ser magnetizados para o futuro, e eu, desde então, secretamente, vinha fazendo esse trabalho a distância. Mas sem dúvida o trabalho seria muito mais eficaz se eu estivesse fisicamente nesses lugares... Contei tudo isto a José de Arimateia; ele sorriu e concluiu a conversa com um "Então vamos!"

Corria o ano de 36 desta Era Cristã. As notícias sobre a deposição de Pôncio Pilatos eram cada vez mais insistentes; havia quem garantisse que sua destituição era apenas questão de dias ou, mesmo, de horas. Na nossa comunidade, sabíamos que o homem que iria substituí-lo não nutria a menor simpatia pelos "nazarenos", como passaram a ser chamados os cristãos, e que pretendia nos perseguir com rigor.

Face a toda esse instabilidade política e aos riscos que estávamos correndo, os discípulos (que já me chamavam de mãe e se preocupavam bastante com a minha segurança) concluíram, em assembleia, que a minha saída de Betânia seria muito providencial. Alguns discípulos se ofereceram para me acompanhar na viagem: Pedro, Tiago, Natanael e Maria, irmã de Marta. Logo uma outra pessoa pediu para se juntar ao grupo: Claudia Prócula, esposa de Pilatos; em virtude da instável situação política e a iminente deposição do marido, ela deveria voltar para Roma imediatamente. E por fim foi confirmada a presença de Susana, esposa de José de Arimateia.

Viajaríamos numa das galeras do casal Arimateia, que era, infelizmente, manejada por escravos. Argumentei, porém, que a Taça jamais poderia ser conduzida através do trabalho escravo, pois o Cristianismo era uma doutrina libertadora. José concordou, prometendo se empenhar em conseguir homens livres que quisessem trabalhar nos remos.

A solução foi rápida e perfeita: mais de uma centena de homens da comunidade, que amavam o Mestre e se esforçavam para cumprir seus ensinamentos, se ofereceram para o trabalho. Através desse ato de doação à causa cristã, alguns daqueles homens ganharam o mérito necessário para se transformarem, futuramente, nos Cavaleiros da Távola Redonda.

Partimos do porto de Jope. Quando me preparava para embarcar, ocorreu-me que, naquela viagem, várias outras histórias estavam começando, histórias que haveriam de ser lembradas pelas gerações futuras...

Por dois motivos a viagem seria bastante longa. Em primeiro lugar, havia mais de uma dezena de lugares que, à semelhança de Betânia, deveriam ser magnetizados, de maneira que se tornassem, no futuro, Focos de Luz, impregnados de poder curativo. Em segundo lugar, as condições de navegação marítima ainda eram muito precárias: as embarcações só cruzavam os grandes mares no intervalo compreendido entre a primavera e o outono (nunca no inverno!), só viajavam durante o dia e de acordo com a direção dos ventos.

Logo após a partida, Arimateia me perguntou se eu não gostaria de visitar o Santuário de Luxor. *Sim*, respondi sem hesitar, *com imensa satisfação*. Há muito eu queria rever os companheiros de Luxor, e lhes agradecer pessoalmente por toda a assistência que haviam prestado durante todo o processo de Ressurreição do Mestre. Tudo foi planejado e arranjado com facilidade: Pedro, Tiago, Natanael e Maria me acompanharam na viagem terrestre a Luxor; Arimateia providenciaria um guia local para nos auxiliar no trajeto, e nos aguardaria, com o restante da tripulação, no porto de Alexandria.

A primeira parada foi, então, em Alexandria, localizada na ponta mais saliente do delta do Nilo. Desde o porto, a cidade impressionava: o bulício era grande, pessoas de todas as raças e nacionalidades ali se reuniam, ouviam-se muitas línguas e dialetos estranhos; as casas eram mansões com colunatas, sacadas tipicamente orientais e jardins majestosos; bigas trafegavam velozmente pelas ruas; a biblioteca e a universidade eram mundialmente famosas. E ainda havia um cheiro peculiar, que parecia estar impregnado em toda a cidade: era um cheiro de especiarias ou talvez de incenso... Acostumada à vida bucólica de Nazaré e de Betânia, o ritmo de Alexandria me pareceu feérico; nem Jerusalém, com todas as suas peregrinações e conflitos com os romanos, era assim tão movimentada.

Aquela era a minha segunda visita a Alexandria. A primeira tinha ocorrido durante a fuga para Luxor, quando Herodes mandou matar os pequeninos menores de dois anos de idade. Naquela ocasião, mais de 30 anos antes, não pudéramos apreciar praticamente nada daquela cidade –

nem as paisagens, nem o povo, nem os costumes locais, nada. É que o perigo ainda nos rondava, pois ali "Herodes tinha centenas de ouvidos", como se dizia. Assim, passávamos o dia inteiro, ou vários dias seguidos, escondidos em pousadas ou casas indicadas pela Fraternidade, e só nos movimentávamos à noite, em sobressaltos, com o nosso Menino nos braços.

Embora Alexandria não fosse uma cidade palestina, era considerada pelos judeus a sua pátria no exterior; se a população da cidade chegava a mais de um milhão de habitantes, estimava-se que a metade fosse de judeus. A razão de tamanha concentração de judeus em Alexandria era que, quase quatro séculos antes da Era Cristã, o seu fundador, Alexandre Magno, concedeu aos descendentes judeus, fugitivos da dominação babilônica, os mesmos direitos de seus compatriotas. Após a morte de Alexandre, seus sucessores garantiram esses direitos. Mas infelizmente, se os egípcios e os judeus tinham vivido em paz no passado, os conflitos eram constantes na época da nossa viagem. O ódio racial corrói como ácido...

Fomos a Luxor, onde fui recebida pelo próprio Serapis Bey, que me deu uma notícia maravilhosa: João, o Evangelista, estava passando, em corpo astral, pelo discipulado de Luxor – tudo indicava que ele iria ascensionar no final dessa vida; previa-se que, ao término da encarnação, ele se isolaria do mundo (Ilha de Patmos) para se dedicar apenas, com total dedicação, ao seu discipulado. Então, enfrentaria a derradeira prova: a de ressuscitar o corpo físico e, depois, ascensionar. *A Fraternidade de Luxor* – disse Serapis – *almeja intensamente mais essa vitória crística.*

Na hora da minha partida, o Hierofante ergueu a mão e me abençoou. Então eu senti o Fogo da Ascensão penetrando em meu corpo e se fixando na região do abdômen. Uma sensação de frescor, de bem-estar e de intensa alegria tomou conta de meu ser. No decorrer da minha vida, a Chama iria fazendo o seu trabalho redentor: cristificando átomo por átomo, célula por célula, as moléculas do sangue, os ossos e os órgãos, a epiderme, todo o meu ser, até que, finda a existência terrena, ao ouvir o chamado de retorno ao Lar, eu estivesse pronta para ressuscitar e ascensionar aqueles corpos humanos (físico, astral e mental) que foram criados pelos Elohim exclusivamente para o meu uso durante aquela encarnação.

Ao voltarmos ao porto de Alexandria, eu estava trazendo mais doze pessoas para o nosso grupo. É que, desde essa primeira escala no Egito, passando por todas as terras que haveríamos de visitar e até o fim da jornada, recolhemos, sistematicamente, novos Irmãos do Santo Graal.

Em geral, eram escravos fugitivos ou filhos de escravos libertos, agricultores pobres ou mendigos, e doentes. Dos 29 que vieram integrar a nossa comitiva, e que depois optaram por aderir à comunidade de Betânia, a maioria era crianças de 0 a 11 anos, e do sexo feminino.

Posso dizer que, em nenhum dos casos, eu ou qualquer membro do grupo escolhia quem viria se juntar a nós, pois as almas daqueles que deveriam participar dessa viagem se apresentavam espontaneamente: à nossa aproximação, suas auras produziam uma melodia que lembrava muito o alegre trinado dos pássaros e que era perfeitamente audível para mim. Às vezes, enquanto caminhávamos por alguma estrada aparentemente deserta, eu começava a distinguir, a distância, a mesma suave melodia; instantaneamente eu detinha meus passos e ficava aguardando. Então, quase imediatamente, aparecia aquele ou aquela que, mesmo sem saber, já estava cantando em honra da Taça Sagrada.

E quando nos comunicávamos com esse ser, constatávamos a sua total disponibilidade para nos acompanhar, pois se encaixavam em uma dessas situações: ou era um escravo fugitivo, ou filho de escravos que queriam lhe assegurar melhores condições de vida, ou era portador de alguma doença que o tornava discriminado pelo seu grupo social, ou era um recém-liberto que procurava trabalho, ou era tão pobre que ansiava por uma terra melhor, que lhe garantisse o sustento. Às famílias daqueles que recolhíamos sempre nos identificávamos como servidores do Nazareno e fornecíamos a nossa direção (a comunidade de Betânia), de modo que, um dia, se o quisessem, poderiam retomar o contato com seus entes queridos.

A segunda parada foi em Creta, situada no Mar Mediterrâneo, entre a Grécia e o Egito. Embora eu, como personalidade, ainda não estivesse consciente de que, naquele lugar, nas esferas de Luz, funcionava o maior Templo de Cura e de Verdade existente na Terra – e que eu mesma, depois de ascensionada, ali iria trabalhar – incluíra Creta no meu roteiro de magnetizações.

Logo ao desembarcar, senti que o espírito dos cretenses encontrava-se muito entorpecido pela materialidade. Se, naquele momento, Paulo de Tarso fosse ali pregar a doutrina cristã (o que aconteceria anos depois), certamente seria repelido com violência, e então Creta se fecharia, quase que de modo irreversível, para a Presença do Cristo. Seriam necessárias, pois, muitas infusões de Luz naquele local. Por isso, ali permanecemos durante um mês, entregando-nos a um trabalho intensivo de imantação da ilha. O Mestre em pessoa esteve à frente dos trabalhos, e foi visto por muitos membros da tripulação.

Aportamos em outras ilhas gregas, e nos preparávamos para deixar Claudia Prócula em Roma. Contudo, o Mestre nos recomendou desviar a nossa rota porque uma onda avassaladora de ódio contra os cristãos, a "odiosa seita dos nazarenos" (como chegou a constar em documentos da época), estava agitando a capital italiana. Na qualidade de esposa do procurador Pôncio Pilatos, Claudia era uma pessoa muito conhecida, e em Roma já se sabia que ela estava viajando com alguns seguidores do Rabi. O porto já se encontrava fortemente policiado e havia ordens de prisão contra nós.

Para nossa surpresa, Claudia mostrou-se sumamente feliz por não ficar em Roma: ela confessou que, desde que partíramos da Palestina, desejou muito continuar em nossa companhia, participando da viagem do Santo Graal.

No trecho Grécia – Península Ibérica (que atualmente abrange Portugal, Espanha e França) – Ilhas Britânicas, enfrentamos tormentas memoráveis, que chegaram a sacudir violentamente a nossa galera, movida apenas por remos e velas. Equilibrando-se no alto de ondas gigantescas, fustigado por chuvas torrenciais e ventos sibilantes, o grupo foi sobejamente testado na fé.

Da Península Ibérica em diante, iríamos encontrar futuros santos que, séculos mais tarde, iriam escrever, no Livro da Vida, belas histórias de Amor e Fé.

Exemplos: Bernadete Soubirous, de Lourdes; Lúcia, Jacinta e Francisco, de Fátima: Inácio de Loyola; Francisco Xavier; Patrício, o Santo da Irlanda; o Rei Artur e os Cavaleiros da Távola Redonda – eu encontrei todas essas abençoadas almas, ainda na personalidade de Maria de Nazaré, durante essa viagem do Santo Graal.

*

Amados, eu agora lhes peço licença para abrir um parênteses na vida de Maria de Nazaré e contar uma dessas histórias que particularmente me é muito cara, pois é singela como o desabrochar de uma rosa, está pontilhada desse humor e dessa leveza tão necessários no dia a dia e que pode esclarecer um pouco mais a minha natureza como Mãe desta humanidade e a magnitude do poder de um Foco de Luz incrustado na superfície planetária. É a história de Bernadete Soubirous, a minha garotinha de Lourdes...

22
IMACULADA CONCEPÇÃO

ERA UMA CAMPONESA POBRE, DOENTE E ILETRADA. Orações, só conhecia as do terço e uma invocação que fazia sem cessar, que era a seguinte: "Ó Maria concebida sem pecado, rogai por nós, que recorremos a vós!" Seus conhecimentos religiosos eram praticamente nulos, pois nem sequer ouvira falar em Santíssima Trindade, e ainda não tinha feito a Primeira Comunhão.

Estava com 14 anos quando, na manhã chuvosa de 11 de fevereiro de 1858, em companhia da irmã Toinette e da amiga Joana Baloum, Bernadete Soubirous saiu à cata de lenha e de ossos, que seriam vendidos por uma bagatela; com o dinheiro arrecadado, as garotas comprariam alimentos para a família miserável. Naquele dia, elas se encaminharam para um lugar mal falado pela população de Lourdes, pois era reservado apenas ao pasto de porcos: *Massavieille* ou *Massabielle*, como se dizia em seu dialeto camponês. Ali, no ponto da ilha de Chalet onde o canal do moinho local encontra o rio Gave, estava a *minha* gruta, que fora preparada energeticamente nos tempos de Maria de Nazaré, durante a viagem do Santo Graal, e que estava prestes a funcionar como um Santuário de Vida, de Luz e de Cura.

Ao redor da gruta, havia o que as meninas procuravam: lenha e ossos que não pertenciam a ninguém. Do interior do nicho situado acima da gruta, assisti a cena: as meninas recolhendo lenha e, depois, cada uma delas carregando um feixe e se preparando para atravessar o canal, de volta para casa. Joana e Toinette foram na frente; Bernadete se atrasou por causa de indecisão de tirar as meias e os tamancos.

Contrariando as recomendações maternas de que não tirasse o calçado para não piorar da asma, Bernadete não viu outra alternativa senão se descalçar, de modo a poder atravessar o canal. Estava tirando uma das meias quando sentiu o primeiro movimento do Espírito Santo em seu ser; a sensação foi a de uma rajada de vento, a mesma experimentada pelos apóstolos antes da descida do Espírito Santo em forma de línguas de fogo, durante a celebração de Pentecostes. Um pouco inquieta, a minha garotinha reparou nos choupos da pradaria, que nem se mexiam.

Continuava no movimento de se descalçar quando ocorreu a segunda rajada. Instintivamente, o seu olhar se dirigiu à gruta, depois para o nicho escuro, e novamente à base: uma roseira silvestre balançava suavemente. Já ia dizer "É o vento..." quando o nicho se iluminou com a minha Presença. Ela me vê. Assustadíssima, tenta fazer o sinal-da-cruz, mas não consegue. Tateia o bolso e encontra o que procura: o terço. Ela se ajoelha, e no intuito de me fazer desaparecer, se prepara para rezar o terço; tiro também o meu próprio rosário e rezamos juntas, eu em silêncio. Terminada a reza, faço um sinal para que se aproxime mais um pouco. Com o susto estampado nos olhos, Bernadete meneia a cabeça, em sinal negativo. Eu lhe sorrio amorosamente e me diluo na luz, que por fim se apaga, fazendo tudo voltar ao normal.

Bernadete corre e consegue alcançar as companheiras. Toinette, a irmã, percebendo-lhe a expressão assombrada, intui que algo inusitado aconteceu; pressiona-a, e ela acaba relatando tudo o que havia se passado; conclui com um "Então, Aquilo sumiu!" *Aquilo*: a palavra do dialeto reginal que ela usou (*aqueró*) significava exatamente isso! E ainda continuaria se referindo a mim como aquilo durante algum tempo...

Nosso segundo encontro ocorreria três dias depois: no domingo, 14 de fevereiro. Dessa vez, ela vem com várias companheiras de missa. Quando, só para ela, eu ilumino o nicho e me mostro, ela me borrifa um vidro de água benta, repetindo diversas vezes: "Se vem em nome de Deus, fique. Senão, vá embora!" Sorrindo em meio aos jatos de água benta da igreja local, eu a tomei nos braços e a acalentei com o meu Amor, recordando-lhe o que se dissera às portas do nascimento físico:

- Nessa vida, minha menina, você, por sua livre e espontânea vontade, escolheu resgatar muitas faltas do passado; por isso, as provações serão inumeráveis. Mas saiba que eu estou com você permanentemente, alimentando-a sem cessar. Nós nos encontraremos sempre na *nossa* gruta, para estimular a Demanda do Santo Graal no coração dos homens.

Eu cantei para Bernadete, e ela, então, entrou em êxtase. Os Fogos do Espírito Santo se espalham por todo o seu ser. Imersa na Fonte da Alegria, não responde mais àqueles que falam com ela; não consegue enxergar nada do que se passa no plano físico; nada sente, nem mesmo quando a conduzem nos braços para o moinho de Savy, para se restabelecer. Bernadete permanece, por algum tempo, voando livre pela amplidão do Espírito...

O terceiro encontro, realizado na quinta-feira, 18 de fevereiro, tem como pano de fundo a curiosidade e a descrença popular. Aconselhada por uma dama, Bernadete me pede para escrever meu nome num papel que tem na mão. Respondo, no dialeto local: "Não é necessário." Em seguida, peço-lhe para vir à gruta durante 15 dias. Não acostumada a ser tratada com deferência (pois usei a expressão *aué la gracia*, isto é, *ter a graça* ou *ter a gentileza*), Bernadete fica muito encabulada...

Nos dois encontros seguintes, o número de acompanhantes, já tocados pela fé, cresce para 30 e, depois, para 100. A polícia intervém; Bernadete é levada ao comissariado, onde seu pai recebe a ordem de proibi-la de voltar à gruta, ordem essa que, naturalmente, ela não cumpre. No caminho para a gruta, cerca de 500 pessoas seguem seus passos.

No dia 25 de fevereiro inauguramos a fonte milagrosa: Bernadete sobe de joelhos o aclive que vai dar no fundo da gruta, beija o solo reverentemente durante todo o trajeto e, por fim, recolhe no côncavo da mão um pouco de água lamacenta e bebe-a. Eu lhe digo para cavar a terra com as mãos; ela obedece, em enlevo total, e à medida que mais terra ela retira, a fonte aparece: a nossa fonte de águas límpidas e curativas.

Bernadete, que a essa altura é chamada maldosamente pela imprensa de "cataléptica", é interrogada pela polícia, pelo procurador imperial, pelas autoridades eclesiásticas e, um pouco mais tarde (a partir do dia 27 de março), por uma junta médica que quer provar sua insanidade mental. Em seus depoimentos, ela me descreve como sendo uma adolescente (quase criança) muito bonita, de baixa estatura, que fala o dialeto de Lourdes – o que provoca profunda indignação e furor, pois, como já reconhecem em seu íntimo, quem aparece na gruta é, de fato, a Virgem Maria, e sendo assim, trata-se de uma Senhora e não uma jovenzinha, bem alta ou, no mínimo, de estatura regular (e não baixinha) e que jamais falaria o dialeto inculto de Lourdes porque "no céu não se fala dialeto nenhum". Calmamente , Bernadete rebate esta última declaração dos inquisidores: "Como podemos saber se no céu não se fala mesmo nenhum dialeto?"

Começam as peregrinações espontâneas à gruta e à fonte. Acontece a primeira das muitas curas milagrosas, que, mais tarde, haveriam de ser oficialmente reconhecidas em Lourdes pelas autoridades locais: Catarina Latapie, moradora de Loubajac, aldeia vizinha de Lourdes, tinha uma fé inabalável de que, na fonte de Massabielle, a sua mão deformada e paralisada seria curada. "Pedi e recebereis" e "Batei e abrir-se-vos-á", sempre proclamou o Mestre: Catarina imergiu a mão na fonte e, imediatamente, se viu curada. Pouco depois, uma mãe aflita mergulhou o corpo do filho recém-falecido (ainda um bebê) na água da fonte, e a criança voltou à vida. A notícia corre como um relâmpago.

No dia 2 de março, a meu pedido, Bernadete vai ao pároco Peyramale solicitar a construção de uma pequena capela ao lado da gruta e, também, que se organizem procissões para o local sempre nas quintas-feiras. Ora, o eclesiástico estava indignado com o boato de que era "a Virgem que aparece na gruta!", que se espalha cada vez com mais intensidade em Lourdes e cidades adjacentes; muito zeloso de sua fé, não acredita que isso seja possível (logo ali, em Lourdes!, e logo para quem: uma camponesa que ainda nem conseguiu fazer sua Primeira Comunhão!) e quer provar o contrário.

Interroga Bernadete: *afinal, quem aparece na gruta?* Como sempre, a garota responde que não sabe, e ao se referir a mim, continua usando *Aquilo*: "*Aquilo* pediu uma capela, *Aquilo* pediu procissão sempre às quintas-feiras." O pároco, então, impôs uma condição: ele construiria a capela se *Aquilo* se identificasse. "Peça a ela para dizer quem é!", ordenou com autoridade.

Com isso, evoluí de *Aquilo* para *Senhorita*, pois, de volta à gruta, Bernadete me questionou assim: "Senhorita, quer ter a bondade de me dizer quem é, por favor?" Eu, então, respondi, no seu próprio dialeto: *"Que soy era Immaculada Counceptiou"* ("Sou a Imaculada Concepção").

Bernadete corre a transmitir a mensagem ao pároco; vai repetindo a frase pelo caminho, para não esquecer, já que a sua memória é fraca. E na igreja repete literalmente: *"Que soy era Immaculada Counceptiou"*. A primeira reação do padre foi de total indignação: a frase não tinha sentido, pois se a visão de Bernadete era mesmo a Virgem Maria, como garantiam... *"sim, a Virgem é concebida sem pecado, e não a própria concepção!"* , pensou o pároco, desconfiando que a própria Bernadete inventara aquela resposta, ou, quiçá, a própria "aparição"! Talvez nunca tivesse existido a tal "Dama da gruta"...

Porém, subitamente ele ouve a voz do coração, e percebe que a garota, tão iletrada e tão ignorante das coisas religiosas, não sabe sequer o que está dizendo. Além do mais, intui que há um certo mistério teológico, místico, e até poético, por trás da frase "Sou a Imaculada Concepção", um mistério que poderia abrasar sua alma e modificar totalmente seus conceitos religiosos... Nesse momento, o pároco sentiu que era realmente eu, a sua Virgem Maria, que estava aparecendo na gruta. E chorava quando Bernadete saiu da igreja...

Filhinhos, a história de Bernadete e do Santuário de Lourdes continua, mas vamos interrompê-la porque já chegamos ao ponto que eu queria: quem sou eu, na verdade?

EU SOU a Imaculada Concepção (Conceição), e não simplesmente a Maria de Nazaré que foi concebida sem carma, sem pecado, para viver aquela única vida terrena como mãe do Messias. Percebem o alcance das minhas palavras? EU SOU a própria Origem Imaculada, a Fonte, a Matriz, a Graça que preside a própria Concepção Imaculada da Criação, o aspecto feminino de Deus-Espírito Santo, o Seu ícone mais sagrado e perfeito.
A partir do momento em que o Avatar da Era de Peixes, que recebeu em seu corpo a natureza do Cristo, me elegeu Mãe desta humanidade, eu passei a personificar para todos os meus filhos o Poder Feminino de Deus, a Eterna Concepção Imaculada. Como tal, estou além de todas as mensurações de tempo, pois sou a Senhora e, também, a adolescente vista por Bernadete: o que pode haver de mais jovem do que a Imaculada Concepção de que tudo provém e se renova? Como Imaculada Concepção, EU SOU alta, mas também sou tão pequenina quanto qualquer infinitesimal partícula de Vida. Como Imaculada Concepção, EU SOU a Raiz do Verbo, a Origem de todos os meios e códigos de comunicação, e por isso falo todas as línguas e dialetos.
Como Imaculada Concepção, minha voz ressoa em todos os recantos da Criação, em todos os corações... no seu coração...

23
ONDE ESTÁ O SANTO GRAAL?

NA ATUAL INGLATERRA, ABRIMOS ALGUMAS TRILHAS de Luz, tanto no mar quanto na terra, até chegarmos a Glastonbury. Reverentemente, eu carregava a Taça Sagrada nas mãos, procurando o lugar onde, à semelhança de uma videira, deveria ser plantada, de modo a produzir um vinho tão puro quanto o Sangue do Cordeiro.

Foi então que comecei a ouvir, ao longe, a Música. Era uma canção ao mesmo tempo épica e sacra; a cadência, bem marcada, tinha a potência da Fé; toda a linha melódica parecia espelhar a Vitória do Grande Sol Central em plena atividade – a Vitória do Espírito sobre a matéria, a Vitória da Luz em todos os universos, a Vitória do Cristo neste e em todos os mundos, a Vitória de milhares de sóis, a Vitória da Luz que nunca falha, a Vitória de Deus.

A cada passo que eu dava numa determinada direção, a Música aumentava, até que, a uns cinco metros à minha frente, se materializou o Glorioso Arcanjo Miguel. O Colosso de Luz apresentava-se gigantesco; sua mão direita, erguida, segurava a Espada Sagrada; a esquerda, abaixada, empunhava o Escudo.

Em Graça, fui avançando; quando estava a uns dois metros de sua santa figura, me ajoelhei no solo, no que fui imitada por todo o resto do nosso grupo, que passo a chamar de Irmandade do Santo Graal. Imediatamente os Arcanjos da Legião de Miguel formaram um círculo ao nosso redor, uma muralha de luz azul.

A voz do Príncipe dos Arcanjos, rasgando os éteres de muitos planos de vida e consciência, invocou, então, a Presença do Cristo. Em resposta, o Mestre se materializou, colocando-se entre mim e Miguel. Eu ergui o Cálice, oferecendo-O à Sua Radiante Presença. E Ele o abençoou, realizando, assim, a primeira cerimônia do Santo Graal.
Ao deixarmos a atual Inglaterra, já não tínhamos mais em nosso poder o recipiente físico que fora usado na Última Ceia; porém, o Vinho Santo já estava sendo fabricado...

O que fizemos com essa Taça? Enterramos no solo, como se fosse mesmo a semente de uma planta? Ou a depositamos em algum lugar em Glastonbury, entregando-a nas mãos de alguém? Eis um mistério semelhante ao do desaparecimento da Arca da Aliança... Filhinhos, a solução de todos os mistérios está guardada na câmara do seu próprio Coração. Quando este se abrir e refulgir com o Santo Graal, eu, sua mãe, lhes garanto: a abóbada celeste vai se rasgar como o véu do Templo de Jerusalém depois da crucificação, e todos os mistérios serão desvelados...

*

Percorremos as Ilhas Britânicas, passando pela Escócia e Gales. Fomos à Irlanda para preparar o caminho do futuro São Patrício, que já se encontrava, tão menininho, em nossa companhia. No retorno à Palestina, fizemos uma breve escala no porto de Roma, onde finalmente deixamos a nossa querida Claudia Prócula, uma vez que a situação política estava bem mais tranqüila.

Que alegria é voltar para casa, depois de tantos anos viajando! As estradas poeirentas da Judeia adquiriram um encanto todo especial... Eram as mesmas caravanas, as mesmas cidades, as mesmas fontes, as mesmas turmas de soldados romanos, os mesmos mercadores. Parecia que nada tinha mudado na nossa ausência... Mas estávamos voltando para casa, para a nossa língua, nossos costumes! Quanto mais nos aproximávamos de Betânia, mais e mais pessoas nos reconheciam e nos saudavam em nome de Cristo.

Extravasando a alegria de voltar, os nascidos na Palestina cantavam alegres canções em aramaico; os estrangeiros tentavam aprendê-las, sem perder de vista as paisagens de sua nova pátria. Para as crianças tudo era festa e novidade; as menorezinhas faziam um alarido ensurdecedor. Jamais se poderia dizer que esta nossa Fraternidade do Santo Graal fosse uma fraternidade silenciosa...

Antes de irmos para casa, pedi que passássemos pelo Monte Betânia. Lá de baixo pude contemplar, com os olhos úmidos, o Fogo da Eternidade encimado pela rosa rubi...

Ao se deparar, pela primeira vez, com o antigo moinho que lhe serviria de lar, a garotinha que um dia se chamaria Bernadete Soubirous me chamou, sorrindo – *Mamãe!* – e me abraçou. Muitos séculos mais tarde, ela haveria de nascer num velho moinho desativado, muito parecido com o de Betânia...

Fiquei tão feliz ao reencontrar aquela grande família que era a nossa comunidade cristã! Todos os que estavam em casa vieram nos receber de braços abertos, e com muito amor também receberam os novos Irmãos. Com quase 30 residentes a mais, o velho moinho precisava ser ampliado com urgência, ou então precisavam ser construídas novas casas dentro do próprio terreno. Mas até que isso acontecesse, vários discípulos de Betânia e de localidades vizinhas se dispuseram a hospedar os Irmãos estrangeiros. Tudo se arranjou, então, da melhor forma possível.

Eu disse que nada tinha mudado na Palestina enquanto estivemos fora? A bem da verdade, tudo tinha mudado: as sementinhas que eu havia plantado antes de sair já haviam nascido, crescido e frutificado; as árvores que eu deixara "meninas" já apresentavam o porte de "jovens senhoras"... Ao entrar no meu quarto, ajoelhei-me para beijar o chão da Judeia.

Já nos primeiros dias após o retorno à Palestina, ficou evidente que a administração da comunidade, que fora entregue a João, tinha deixado muito a desejar. Sem dúvida, João era o discípulo mais evoluído do grupo, era o único que tinha condições de ascensionar naquela vida; seu espírito era capaz de atingir sublimes alturas; ministrava excelentes aulas de Cristianismo em que sua própria presença, carregada de Amor, era o mais vívido testemunho da Obra do Messias... mas não tinha nenhum senso prático, nem sequer parecia perceber essas coisas pequenas que aconteciam ao seu redor, no dia a dia. Se não fosse Marta, a irmã de Maria, a comparecer quase que diariamente à comunidade enquanto viajávamos, a casa estaria mergulhada no caos.

Trouxemos ordem, organização, planejamento, e em breve tudo funcionava a contento. A não ser pelos eventuais choques resultantes das diferenças de temperamentos e de opiniões, que acarretavam pequenos desentendimentos. Tudo isso é humano, é normal no crescimento espiritual, mas precisa ser corrigido, e com muito Amor. Eu, a Mãe, os reunia no meu abraço e contemporizava...

Ah, Crianças, minhas Criancinhas queridas, hei de fazê-las compreender que o Amor é o doce Poder que nivela as pontiagudas diferenças dos egos, é a Luz que dissolve as ilusões, é a Força coesiva do universo, é o selo da Paz!

24
A TRILHA LUMINOSA

PASSARAM-SE OS ANOS...

Sob muitos aspectos, a nossa comunidade se parecia com a comunidade essênia: havia aqueles que permaneciam todo o tempo em casa, sem sequer se afastar de Betânia, e havia também aqueles que, como os Monges Peregrinos, percorriam o mundo inteiro difundindo o Cristianismo. Havia muito trabalho, estudo, oração, meditação: mantínhamos o Fogo aceso...

Certa vez, os discípulos me prepararam uma surpresa: para comemorar o nascimento do Mestre na terra, eles fizeram o primeiro presépio. De tanto ouvirem relatos a respeito daquela noite memorável em Belém, conseguiram fazer uma montagem bastante fidedigna: ali estava a Estrela, o estábulo, eu mesma e José rodeando a manjedoura, já com o Menino-Cristo, o touro, a ovelha e o burrinho... Aos novos discípulos, eu, tão feliz!, fui explicando as condições místicas daquele nascimento.

No céu, além da Estrela de Belém (a conjunção de determinados planetas), estavam visíveis a estrela de Sírio, que é uma das grande sedes das Hostes de Luz; a constelação de Órion, chamada, na antiguidade, de "Os Três Reis". No oriente, elevava-se a da Virgem, e ao seu lado, as constelações denominadas Asno Meridional e Asno Setentrional – daí, a presença do asno no presépio... O touro é a representação do término de um ciclo, pois o nosso Mestre veio atestar que a Era de Touro estava definitivamente encerrada, e que dali por diante começava a Era de

Peixes, a era em que o Amor deveria prevelecer. E a ovelhinha tão dócil, tão pura, é o Cordeiro que voluntariamente Se imola num ato de Amor e Compaixão...

O nosso primeiro Natal, como os outros que se seguiram, foi de uma beleza ímpar.

Nove anos antes da minha Ressurreição e Ascensão como Maria de Nazaré, pedi aos discípulos que construíssem para mim um pequeno abrigo no alto do Monte Betânia: eu precisava de muito recolhimento para me preparar para o Grande Passo (essa solidão é imprescindível para todos aqueles que estão prestes a ascensionar). E eles assim o fizeram.

Eu vivi os meus últimos anos na terra em solidão e silêncio, à parte da comunidade. Quase que diariamente os meus filhos me faziam uma breve visita, ocasião em que levavam gêneros alimentícios, flores e velas para mim. E eu, por minha vez, visitava a comunidade, também rapidamente, uma ou duas vezes por semana.

*

Trinta anos a contar de sua Ascensão foi o prazo dado pelo Avatar para que eu continuasse encarnada. E eu sabia, antecipadamente, que a minha Ascensão se daria no dia 15 de agosto. O ano era aquele, o mês era aquele, e só faltavam cinco dias. Então decidi ficar em retiro no pequeno abrigo construído no alto do Monte Betânia, durante três dias.

Enquanto alguns discípulos permaneciam parados no sopé da elevação observando a minha subida, eu ia seguindo a trilha luminosa deixada pelo Mestre no dia da Ascensão. Antes de entrar no abrigo, fiquei olhando o Fogo da Eternidade durante muito tempo... e depois, com a visão distendida, consegui distinguir as várias sementes de Luz que jogamos pelo mundo afora, durante a viagem do Santo Graal, em companhia de José de Arimateia e de tantos outros irmãos que abriram seus corações para a Presença do Cristo. Essas sementes já tinham vingado no solo planetário; estavam crescendo saudáveis, purificando a terra ao seu redor, e em tempos futuros haveriam de brotar como Santuários Marianos – verdadeiros redutos de Cura e de Amor para os filhos da Terra.

Tudo estava perfeito, constatei. E entrei no abrigo de Betânia.

Durante os três dias de recolhimento, jejuei e orei o tempo todo. Em instantes de profundo êxtase, eu me via toda iluminada, transpassada pela Luz, e sentia, dentro do meu corpo, os movimentos ascendentes e descendentes da Chama da Ascensão, que me fora conferida pelo

Hierofante Serapis Bey, no momento de sua bênção, em Luxor...

Na personalidade da Maria de Nazaré, a Graça então atingiu o seu clímax, e o meu Amor quase se equiparou, em intensidade, ao dos Seres Libertos; ao meu lado, durante esses três dias, eu vi as Legiões da Luz: uma sucessão de Seres Gloriosos, a começar pelo Cristo Radiante, Grande Avatar do Amor – estes foram os sinais de que a Liberdade estava bem próxima.

Ao entardecer do dia 13, voltei à comunidade e ali permaneci, em paz e alegria, durante os meus dois últimos dias na terra.

Tal como tinha acontecido nos dias da Ressurreição e Ascensão do Avatar da Era de Peixes, a manhã do dia 15 nasceu linda. Ainda bem cedo, fiz uma breve caminhada pelo Monte Betânia, e lá em cima recebi um presente que me fez emudecer de alegria: as Hostes Celestiais me mostraram um imenso Templo de Luz pairando acima do Monte da Ascensão e se estendendo por quase todo o território da Palestina. Junto com a visão daquela extensa área iluminada, veio-me a compreensão de que aquela seria a minha Casa depois da Ascensão. Além de trabalhar em Creta, no próprio Centro planetário da Cura, da Verdade e da Ciência, eu também trabalharia ali, acima do Fogo que ajudei a criar no Monte Betânia.

Descendo à comunidade, chamei todos à minha presença e os abençoei, um por um. Depois, fechei os olhos por um brevíssimo instante e os abri em seguida, já na presença do Cristo, dos Arcanjos, da Hierarquia em festa.

Os discípulos depositaram o meu corpo físico numa tumba de pedra, lacrando-a por três dias. Mas logo após ter sido sepultado, o Fogo da Ressurreição o envolveu inteiramente, e eu o atraí a mim, deixando, em seu lugar, uma rosa branca (a minha preferida) para cada membro da comunidade de Betânia. O corpo criado pelos Elohim para a encarnação de Maria de Nazaré foi desmaterializado, retornando a sua substância física e astral ao Reservatório da Vida, o Sagrado Espírito da Vida, enquanto a sua Ideia continuou preservada na Mente de Deus Pai-Mãe.

Maria de Nazaré se dissolveu no Espírito. Quem lhes fala agora e os abençoa no final desta história sou eu, Imaculada Concepção, que, após ressuscitar e elevar a mãe do Messias da Era de Peixes, fui coroada Rainha do Céu e Mãe desta humanidade da Terra – títulos que muito me honram e me fazem louvar incessantemente a Fonte Imaculada de toda Vida!

BÊNÇÃO

Agradeço-lhes, amados filhos, pela atenção que dispensaram ao relato da vida terrena de Maria de Nazaré.

Para todos vocês, juntamente com seus entes queridos, eu dirijo agora a Luz da minha Presença, pedindo que se lembrem sempre dos meus conselhos maternos: cultivar permanentemente a Graça e a Fé, especialmente nesta Hora Sagrada de preparação para a Segunda Vinda de Cristo, que começará dentro dos seus próprios corações.

E se em algum ponto do caminho a sua cruz individual lhes parecer muito pesada, e espinhos lhes atravessarem mãos e pés, saibam que, nesse exato momento estarei zelando e intercedendo por cada um de vocês. Porque eu, a Imaculada Concepção, confio inabalavelmente na Ressurreição do Cristo que É em todos os meus filhos.

Estou e estarei sempre esperando-os na *nossa* Casinha Branca.

Recebam, todos, a bênção de sua

MÃE

GLOSSÁRIO

ALMA – Núcleo de consciência que tem a função de integrar a personalidade (com seus corpos inferiores – físico, emocional e mental) na vida do Espírito, também chamado de *Self*, Eu Superior, Presença Divina. Segundo o Mestre Dhwhal Khul, também conhecido como Mestre Tibetano ou simplesmente pelas iniciais D.K., a alma "não é nem espírito nem matéria mas a relação entre eles, o elo entre Deus e Sua forma."

AMOR CRÍSTICO – Aspecto ou princípio da natureza divina, que foi plenamente personificado e transmitido diretamente ao plano físico planetário e à humanidade por Jesus (Joshua), o Cristo. O amor crístico não é uma emoção nem um sentimento, mas uma poderosa força de atração e coesão universal que tem inúmeras qualidades, dentre as quais a boa vontade, que agora, com o impulso evolutivo da Nova Era que se aproxima, está começando a desabrochar numa parcela da humanidade; a qualidade curadora do amor crístico será mais reconhecida no futuro. O amor crístico é uma energia atrativa, redentora, impessoal e inclusiva, que emerge do centro do coração, despertando no homem a consciência de sua real identidade e de sua filiação, o discernimento da Vida Una, a vontade para o Bem e o consequente serviço universal.

AVATAR – Essa palavra sânscrita significa "descendo de muito longe". Segundo o Dicionário Sânscrito de Monier Williams, a raiz AV quer dizer "descer, com a aprovação da fonte superior da qual provém, para benefício do lugar ao qual se chega". Mestre Djwhal Khul: "Um Avatar é, por conseguinte um acontecimento espiritual que ocorre para produzir grandes mudanças e restaurações, a fim de inaugurar uma nova civilização ou estabelecer 'antigas demarcações' e aproximar o homem de Deus. Têm sido Eles descritos como homens extraordinários, que aparecem de vez em quando, para mudar a face do homem e inaugurar uma nova era nos destinos da humanidade. Vêm em momentos de crise; frequentemente criam crises, a fim de pôr termo ao antigo e indesejável, preparando o caminho no sentido de que haja formas novas e mais apropriadas para a evolucionante vida de Deus Imanente na Natureza.. [...] A doutrina dos Avatares, Mensageiros divinos, divinas Aparições e Salvadores está fundada sobre o fato da continuidade da revelação e da sequência desta manifestação progressiva da Natureza Divina." (*O Reaparecimento do Cristo*, de Alice A. Bailey, Fundação Cultural Avatar e FEEEU)

CARMA – Resultado da lei de ação e reação, de causa e efeito. É o conjunto das reações ou efeitos (positivos, negativos ou neutros) decorrentes de cada ação. Na fraseologia bíblica, essa lei é ilustrada pela sentença "O homem colhe o que semeia". Popularmente se diz que "Quem com ferro fere com ferro será ferido" e "Quem semeia ventos colhe tempestades".

CONJUNÇÃO ASTROLÓGICA - posicionamento de dois ou mais corpos celestes no mesmo grau de longitude. Em ocasião como essa, os astros podem se aproximar tanto um do outro que chegam a aparentar serem uma única estrela, muito maior e mais brilhante.

CRISTO – A palavra *Cristo* (que etimologicamente quer dizer ungido) tem pelo menos cinco significados diferentes, a saber: *Cristo Interno*, a "esperança de glória" segundo São Paulo, é o estado latente e glorioso de consciência e Vida que reside em cada um de nós; é Deus imanente em nós. O *Cristo histórico* refere-se ao Mestre Jesus (Joshua), que se encarnou na Palestina há pouco mais de dois mil anos e que canalizou, de um Grande Ser, a essência do Amor de Deus, transmitindo-a ao plano físico planetário e à humanidade. O *Cristo Cósmico* é a energia de Amor-Sabedoria que permeia toda a vida; é a alma do universo. *Cristo Líder da Hierarquia*: neste contexto, *Cristo* designa um cargo, ora exercido pelo Senhor Maitreya, também conhecido pelos títulos de Grande Iniciador e Buda do Futuro. *Cristo arquétipo* é a imagem gloriosa, radiante, de cada um de nós; na Cabala, esse modelo recebeu o nome de Adam Qadmon, que, como ímã ou impulso, atrai o Adão material, transformando-o no Novo Homem ou o Filho de Deus – Cristo.

LIVRE-ARBÍTRIO – A possibilidade de se escolher livremente a ação a ser praticada. Como essa faculdade foi mal utilizada (pois os homens optaram por comportamentos contrários à Lei da Evolução), a Terra atingiu um grau de contaminação quase que absoluto. O Mestre Tibetano menciona a agressão, o medo, o terror, os pressentimentos e o entorpecimento resultante da excessiva e incessante dor mental e física como causas do mau uso do livre-arbítrio.

MAR DE JUNCOS/MAR VERMELHO - Em todas as edições portuguesas da Bíblia; tanto no Velho Testamento (Josué, 2: 10) quanto no Novo Testamento (Atos, 7:36; Hebreus, 11:29) a expressão hebraica original Yam suph foi "traduzida" como Mar Vermelho. Em outras línguas, porém, verifica-se, no lugar da dita expressão, a menção a um certo Mar de Juncos. Ora, nas margens do Mar Vermelho nunca cresceram juncos. Ademais, ao longo do tempo, a topografia de toda aquela região percorrida por Moisés (Sinai e adjacências) foi muito modificada. Mas em alguns textos consta que havia, na época de Moisés, um certo Mar de Juncos, que não era o Mar Vermelho. Isto significa que, muito provavelmente, o local correto do milagre das águas que se abriram para a passagem dos hebreus não foi o Mar Vermelho.

NATAL – Nos primórdios da Igreja, chegaram a existir 136 datas diferentes para se comemorar o nascimento de Jesus Cristo. Até que, no ano de 337 d.C., o Papa Júlio resolveu a questão fixando o divino nascimento à zero hora do dia 25 de dezembro. Essa data é perfeita, pois no hemisfério norte, onde nasceu o Nazareno, o dia 24 é o solstício de inverno; assim, o dia é o mais curto do ano, enquanto a noite é a mais longa. Mas quando essa noite longa (que parece infinita), termina, nasce a Luz! Pois não é exatamente isso que acontece quando nasce um Cristo?... Quando nasce um Avatar e ilumina o mundo com Sua Luz, não ficamos com a impressão de que o tempo que antecedeu esse nascimento foi longo demais, obscuro demais? Há outras razões históricas para a escolha do dia 25 de dezembro como data de Seu nascimento: segundo a lenda, o antigo Deus Solar Mitra, dos antigos persas, nasceu exatamente à zero hora do dia 25, ou seja, também depois das longas trevas. Povos antigos costumavam fazer vigília durante essa noite, que chamavam de "A Noite da Mãe"; ao final da vigília (madrugada do dia 25), comemoravam o nascimento do sol. E quanto aos cristãos, na época em que foram mais perseguidos, eles só podiam realizar suas reuniões e cerimônias sem serem incomodados na noite de 24 para 25 de dezembro, porque justamente nessa madrugada eram realizados os rituais de Baco, o deus pagão.

SACRIFÍCIO – Por se identificar com o seu corpo físico e por viver alijado de sua alma, o homem costuma identificar a morte com perda, sofrimento e o término da vida física. Na acepção espiritual, porém, sacrifício é entendido como a supressão do inferior em prol da libertação do superior. Quando um Ser de Luz se encarna, Ele está doando a sua vida para libertar aqueles que estão presos na ilusão da matéria; sacrifício é, então, um ato de doação abnegada, de profunda compaixão. E morte, no sentido espiritual, é justamente a descida do Filho de Deus à matéria, a encarnação física.

Impressão:
Evangraf
Rua Waldomiro Schapke, 77 - POA/RS
Fone: (51) 3336.2466 - (51) 3336.0422
E-mail: evangraf.adm@terra.com.br